PROPERTY OF
BOARD OF EDUCATION
SENIOR HIGH SCHOOL
WEBSTER GROVES, MO.

tsumiki 2

Margaret Lee
Yuka Ito

つみき

積木

THOMSON
NELSON

Australia · Canada · Mexico · Singapore · Spain · United Kingdom · United States

Level 7, 80 Dorcas Street
South Melbourne, Victoria 3205

Email nelson@thomsonlearning.com.au
Website http://www.thomsonlearning.com.au

First published in 2003
10 9 8 7 6 5 4 3 2
07 06 05

Copyright © 2003 Nelson Australia Pty Limited.

COPYRIGHT
Apart from fair dealing for the purposes of study, research, criticism or review, or as permitted under Part VB of the Copyright Act, no part of this book may be reproduced by any process without permission.
Copyright owners may take legal action against a person who infringes on their copyright through unauthorised copying. Enquiries should be directed to the publisher.

National Library of Australia
Cataloguing-in-Publication data

Lee, Margaret (Margaret Joan), 1956- .
Tsumiki. 2.
For secondary students.
ISBN 0 17 010642 X.

ISBN 0 17 010642 X (prepublication).
1. Japanese language - Textbooks for foreign speakers -
English - Juvenile literature.
2. Japanese language -
Study and teaching (Secondary) - English speakers. I. Ito, Yuka. II. Title.

495.68

Text designers Kae Sato-Goodsell
Text illustrators Tomomi Sarafov and U-suke
Cover designer James Lowe
Editor Craig Metcher
Publisher editor Olive McRae
Production controller Selina Brendish
Typeset in Fairfield 11/13 by Kae Sato-Goodsell
Printed in China by CTPS

This title is published under the imprint of Nelson School.
Nelson Australia Pty Limited ACN 058 280 149 (incoporated in Victoria) trading as Thomson Learning Australia.

Acknowledgements

The students and teaching colleagues of both Margaret Lee and Yuka Ito have contributed enormously to the style, layout, content and pedagogical approach of **Tsumiki**. It has been through the shared wisdom and experience of their professional colleagues and the engagement, involvement and enthusiasm of their students that Yuka and Margaret have been able to learn more about the nature and needs of the learners of Japanese as a second language.

Yuki is grateful to her university colleagues, Tomoko Furuta and Miho Sobue, and her doctoral supervisor, Prof. Kazuko I. Harada, with all of whom she shares an abiding interest in language acquisition and competence.

Margaret wishes to acknowledge and thank her co-author, Yuka Ito, particularly for her contribution of authentic conversations and written material that reflect Japanese as it is spoken and written today. Yuka has a unique understanding of the acquisition of Japanese as both a first and a second language. The **Tsumiki** series has therefore been able to reflect the latest understanding of how Japanese as a second language is learned.

Margaret also acknowledges the understanding, patience, moral support and technical assistance of her children, Andrew and Mariana, and husband, John. Yuka is eternally grateful to her parents, Teruki and Michiko Ito, for having instilled in her a love of language and learning, and for their support throughout this project.

Yuka and Margaret also extend special thanks to the following people whose contribution to the **Tsumiki** series has been invaluable: Col Cunnington, Dr Leigh Kirwan, Toshiaki Kashihara, Craig Metcher (editor), Sonoe Mifune, the Setoguchi family (Yoshiyuki, Hiroko, Sho, Shin and Mai), and Olive McRae (publisher), Tomoko Mizumoto and the Nii brothers, Ryousuke, Shouta and Masafumi.

The publishers gratefully acknowledge the photographs throughout **Tsumiki 2** as being the work of John, Margaret, Andrew and Marianna Lee.

Every effort has been made to trace and acknowledge copyright. If there has been any accidental infringement of copyright, the publishers apologise and would be pleased to obtain information to redress the situation.

Introduction

Tsumiki means 'building blocks'. This text is the second in a two-part series that is designed to lay a solid foundation of beginning Japanese for young students. It recognises that, while students may learn differently, they all need a clear, easy-to-follow structure that builds on existing knowledge. ***Tsumiki*** is a course that is rigorous yet achievable. It is developmental yet flexible. Teachers are provided much scaffolding as they facilitate the learning of their students. The learners are offered several ways of using, practising and reinforcing their language skills: through the student text, the workbook, the CDs, BLMs and a web-based facility.

The ***Tsumiki Student Book*** provides the language elements that you will need to complete another phase of your language learning adventure. All the language patterns and phrases that it presents are used frequently in daily communication.

The course is developed around the experiences of two students, Andrew and Mariana, and their classmates from Manly High in Sydney and Green Bay High in Auckland.

How to use this book

はな
話しましょう

This heading appears above the dialogues and manga. These conversations and stimulus material provide models of typical conversations amongst young people.

This symbol indicates that the adjacent vocabulary are considered 'key' to your language development. You should try to learn these words by heart.

This symbol indicates that the material has been recorded on the audio CDs, so that you can listen to native Japanese speakers saying it.

This symbol, pronounced 'setsumei', means 'an explanation'. It gives detailed information about new language.

かんじ か
漢字を 書きましょう

This heading is used above sections where kanji is introduced. It means 'Let's write kanji'.

おぼ
覚えましょう

This heading appears above each sentence pattern and means 'Let's memorise this'. It is reminding you that you should try to learn the sentence pattern by heart.

れんしゅう
練習しましょう

This heading marks exercises in which sentence patterns are reinforced through practice.

つた
伝えましょう

This heading means 'Let's communicate'. It is used above letters, emails and other written forms of communication.

しんぶん
つみき新聞

'The Tsumiki Newspaper contains articles headed 若者について (About young people), 日本語について (About Japanese language) and 日本について (About Japan). These articles generally contain information relevant to the theme of the unit.

This symbol means 'dictionary' (jisho). The vocabulary items listed in these sections are necessary to understand the つみき新聞. It is not necessary to commit these words to memory.

べんりなことば

Useful words and phrases are listed under this heading.

This numbered symbol in the margin tells you that there is an activity, task or exercise in the accompanying workbook to help you develop your language skills.

チェックしましょう

This heading indicates an exercise to test how well you have remembered the new language patterns.

Contents

Unit	Pg	Content	Context	Outcomes
1 **Thanks**	1	• Where are you? • What did you do? • Past tense of verbs • Expressing thanks • Quasi (な) adjectives • Past tense of quasi (な) adjectives • *Mobile telephones (1)* • *Anime and Manga* • *Telephone idioms*	Andrew and Mariana have not long returned from their visit to Japan. Andrew telephones his host family and Mariana writes to her host family to thank them for the wonderful time they each had.	• thank someone for looking after you • provide information about past events and activities • use appropriate idioms on the telephone • understand some basic differences between polite and plain Japanese
2 **Shopping**	14	• Past tense of true (い) adjectives • How much? • Numbers • Do you have …? • Shopping idioms • *Katakana words* • *100 Yen shops* • *Computer games*	Mariana and Andrew's classmates want to know about their shopping experiences in Japan. Mariana remembers an incident in Akihabara while Andrew retells the story of his buying a walkman in Osaka.	• make transactions in a shop • describe things in the past • make comparisons • express cost of items
3 **Visitors**	27	• Let's go and … • I want to … • Weather • It is not … • I don't want to … • Because (reason) • … and others • *School excursions (1)* • *New Year and Obon* • *Katakana words (2)*	Both Manly High and Green Bay High are planning to host Japanese students. The students from each of these schools talk about where they will take their visitors when they arrive.	• make decisions about how to spend your leisure time • say what you would or would not like to do • talk about the weather
4 **Eating out**	42	• Past negative of true adjectives • It was too … • Comparisons • Both … and … • What is this called? • Japanese Counters • Idioms at meal time • *Polite/informal speech* • *Sushi* • *Convenience stores* • *Sushi bars* • *Abbreviated words (1)*	Emily takes her guest, Mana, to a sushi restaurant. Hassan and Kenji chat about food.	• make simple comparisons • understand how and when to use informal language • give opinions using the negative past tense • discuss food using a variety of expressions • use Japanese counting systems • discuss cost of food
5 **A day trip**	58	• は and が • I can see … I can hear … • Where is …? • Location • Past negative of nouns and quasi adjectives • *Fireworks* • *Theme parks* • *Abbreviated words (2)*	Michael, from Manly High, takes Sho to a theme park for the day while Kylie, a student at Green Bay High, takes Yuki to an Underwater World theme park.	• locate places on a map • describe where things are • describe people, places and things

Unit	Pg	Content	Context	Outcomes
6 **Souvenirs**	74	• Colours • The (black) one • Linking true adjectives with nouns • Quantity: lots, many, various • This/That/That over there • My favourite … • I want/need a … • Idioms for shopping • *Plain vs bright colours* • *School uniforms* • *Significance of colours*	Jane, from Green Bay High, takes Akiko shopping for clothes. Takeshi, who is visiting Manly High, is taken souvenir hunting by Luke.	• talk about what you need and want • appreciate the cultural significance of colours • describe objects using colours • use descriptive language more effectively
7 **A tour of the school**	90	• Here/There/That over there • May I … • Please … • 〜て form of verbs • I'll try … • Counting floors (かい) • School facilities • *Shoe racks* • *University entrance exams (1)* • *Classroom greetings*	The Japanese visitors at both Manly and Green Bay High are taken on a tour of their hosting schools. The Japanese students are shown the layout and facilities of the respective schools.	• point out the key features of your school • talk about Japanese schools • ask for permission • give instructions
8 **A country experience**	107	• Animals and parts of the body • Linking true adjectives • Counting cylindrical objects(ほん) • Adjectival clauses • Idioms at the end of a busy day • *Japanese and Australian farms* • *Japanese cranes* • *Beetles* • *Excursions (2)*	The Japanese students visiting Green Bay High are taken on a day trip to a sheep farm. The students at Manly High enjoy a country experience on a typical Australian farm.	• guide tourists around popular destinations • suggest activities • describe animals and the countryside
9 **Sayonara party**	121	• You are not allowed to … • You are not to … • … and … and … • Do you know …? • Linking nouns and quasi adjectives • A person who is … • Idioms seeking assistance • *Pocket money* • *I'm sorry …* • *Gift giving*	This unit is set within the context of a sayonara party. The students at both Manly and Green Bay High Schools mark the end of the Japanese visit with farewell parties that include speeches and entertainment.	• give instructions • make requests and seek permission • engage in collaborative teamwork with peers • deliver short speeches of thanks • prepare a sayonara party
10 **Upon reflection**	137	• Counting objects (こ) • Quoting direct speech • Length of time: hours, weeks, years • Purpose • *Idioms when gift-giving* • *Japanese reticence* • *Private lessons*	The students from Green Bay and Manly High schools reflect on the experiences they have just shared with their Japanese visitors. They comment on the customs and habits they observed and the things they learnt about the Japanese during the visit.	• provide direct quotes • give opinions • explain experiences • provide descriptions of people and events • maintain extended conversations

Unit	Pg	Content	Context	Outcomes
11 **Planning a trip to Japan**	151	• Have you ever been to …? • Expressing informality (1) • Dictionary (plain) form of verbs • I plan to … • Counting days • Sentence-final particles • I want to be … • Seasons • *The Hanshin-Awaji Earthquake* • *School fashion* • *Buying transport tickets*	The students from Manly and Green Bay High are both planning school trips to Japan. They discuss where they want to go and what they want to do. They find out about possible places to visit and they discuss their itineraries.	• identify places of interest and major tourist destinations • talk about plans and intentions • plan itineraries • use informal speech
12 **How Japanese do things**	170	• How do I …? • Adverbs • Before I do … • Expressing informality (2) • Plain past form of verbs • Seeking instruction • *Recycling* • *Taking off shoes and slippers* • *Popular school sports* • *Formal and informal language*	The students from Green Bay and Manly High schools arrive in Japan for their school excursion. The students from Green Bay High are staying for the first few days in a youth hostel while the students from Manly High stay with their host families in Hiroshima. They all realise how useful and necessary it is to speak Japanese.	• ask how to do things • appreciate many Japanese customs • seek information and assistance • demonstrate an understanding of recycling
13 **Visiting our sister-schools**	186	• I think … • Comparisons: I prefer … • You must … • Please don't … • Plain negative verb endings • *University entrance exams (2)* • *Mobile telephones (2)* • *Text messaging: Face marks*	The students from Manly High attend Heiwa Gaoka High, their sister-school in Hiroshima, but firstly they attend a welcome party. The students from Green Bay High visit their sister-school, Minamiyama High. Here, they learn much about life as students in Japan.	• express opinions and preferences • give instructions and rules • make comparisons • appreciate the Japanese school setting
14 **Let's go travelling!**	202	• If you … • I can … • I like doing … • After doing …, I … • *Protocols at temples and shrines* • *A Takayama custom* • *Public transport announcements*	During the last part of their school trip, the students from Green Bay and Manly High spend some time at a Takayama and Kyoto youth hostel respectively. They seek assistance in their travel plans and are able to chat to the locals about where to go and how to get there.	• provide information about what you can do and what you like doing • identify places of interest in Japan • seek information about where to go and how to get there

1 ありがとう
Thanks

Outcomes

By the end of this unit you will be able to:
- thank someone for looking after you
- provide information about past events and activities
- use appropriate idioms on the telephone
- understand some basic differences between polite and plain Japanese

A1 話しましょう

Andrew has just returned from a trip to Japan where he was hosted by the Tanaka family. He telephones them to thank them for their hospitality.

> もしもし、アンドルーです。お母さんですか。

> え？アンドルーさん？いま、どこにいますか。元気ですか。

> シドニーに います。元気です。日本で いろいろ おせわに なりました。

> いいえ。

> アンドルーさんが まい日 うちに いました。とても にぎやかでした。

> お父さんと けんすけくんと まりこちゃんは 元気ですか。

> ええ、元気です。

> いま、みなさんは いますか。

> いま、けんすけは いますけど、お父さんと まりこは いません。本やへ 行きました。

> けんすけと はなしますか？

> はい、ぜひ。

Japanese	English
どこに いますか	Where are you?
... に います	I am in ...
おせわに なりました	Thank you for your hospitality
いました	Past tense of います
にぎやか（な）	lively, cheerful, bright
... でした	It/I/He was/You were ... Past tense of です
本や	bookshop
...（と） はなしますか	Will you speak with ...?
ぜひ	Of course, please

Unit 1　1

いっしょに	together	では …	well …
またね	see you again, eh	しつれいします	I am sorry (for interrupting you) (*Lit.* I am rude)
ほんとうに	really		
… に どうぞ よろしく	Give my regards to …		
はい。わかりました	Yes, I will (Yes, I have understood)		

A2 話しましょう

Mariana returned to Auckland following her stay in Tokyo with the Ikeda family. She writes to thank them for the wonderful time she had.

Key vocabulary:
1. everyone
2. very
3. the day before yesterday
4. I/We returned
5. hot (weather) (adj.)
6. yesterday
7. I/We met ...
8. highly, extremely, very much
9. kind(ness)
10. I/We took photographs
11. I/We shopped
12. temple
13. (Shinto) shrine
14. Japanese-style omelette
15. rice dumpling covered with bean jam
16. fermented soybeans
17. dislike
18. I/You did not eat ...
19. Please say hello to ... (for me)

ホストファミリーの みなさま¹へ

お父さん、お母さん、としくん、ようこさん、
お元気ですか。わたしは とても² 元気です。
オークランドの お父さんと お母さんも 元気です。
　オークランドに おととい³ かえりました⁴。あつい⁵です。
きのう⁶ グリーン・ベイ・ハイ・スクールへ 行きました。
そして ともだちに あいました⁷。ともだちと いろいろ
はなしました。
　日本では たいへん⁸ おせわに なりました。みなさんは
とても しんせつ⁹でした。みなさんと いっしょに
ディズニーランドへ 行きました。きれいでした。
ミッキーマウスと しゃしんを とりました¹⁰。
デパートで かいものを しました¹¹。てら¹² と じんじゃ¹³ へ
行きました。としくんと ようこさんと テレビを みました。
　わたしは お母さんの たまごやき¹⁴ と おばあさんの
おはぎ¹⁵ が 好きです。おいしいです。でも、なっとう¹⁶ が
きらい¹⁷です。たべませんでした¹⁸。ごめんなさい。
　日本で ほんとうに ありがとうございました。
おじいさんと おばあさんに どうぞ よろしく
おつたえください¹⁹。お元気で。
　では、また。

マリアナ

Unit 1

B 漢字を 書きましょう

1 何 — what

Two people are carrying a bucket of something. **What** is in the bucket?

7かく

- くん　なに、なん
- おん　か
- れい　何 What
　　　　何人 How many people?

2 本 — book, origin, truth

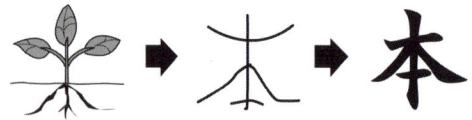

The kanji for **book** is represented by a tree from which paper is made. The roots of the tree signify **the origin**, so this kanji also means **origin** or **truth**.

5かく

- くん　もと
- おん　ほん
- れい　本 book
　　　　日本 Japan

3 行 — go

The kanji for **go** is represented by a crossroad where people can **go** in any direction. It also illustrates the Confucian belief that you should always take time to stop and check life's progress.

6かく

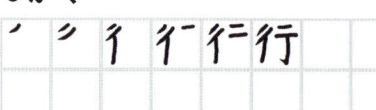

- くん　い(く)、おこな(う)
- おん　こう、ぎょう、あん
- れい　行く to go
　　　　りょ行 travel

4 元 — foundation

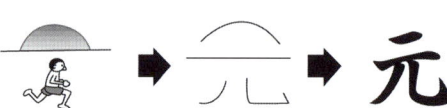

In the beginning, there was heaven, earth and people. These three formed the **foundation** on which society was built.

4かく

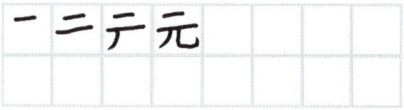

- くん　もと
- おん　げん、がん
- れい　元気 well, healthy

5 気 — spirit, air, energy

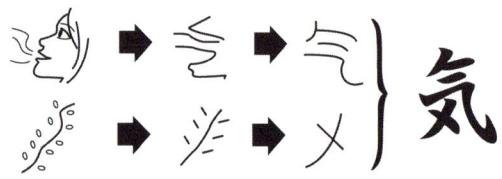

This kanji shows the **air** we breathe out and the rice that gives us **energy**. Together, they signify our **energy** or **spirit**.

6かく

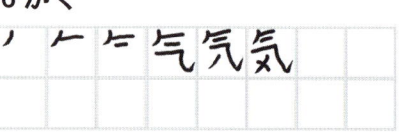

- くん
- おん　き、け、
- れい　びょう気 illness
　　　　天気 weather

4 Tsumiki 2

6 好 — like

Love is strong between a mother and her child. They **like** playing together.

6 かく

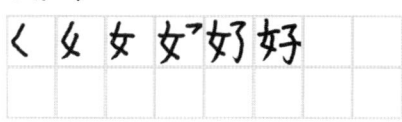

- くん　す(き)、この(む)
- おん　こう
- れい　好き like

7 書 — write

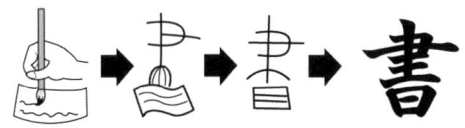

The kanji for **write** is represented by a hand holding a brush and **writing** on a piece of paper.

10 かく

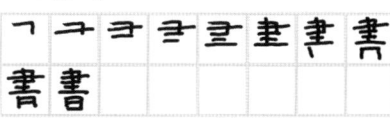

- くん　か(く)
- おん　しょ
- れい　書く to write

8 語 — language

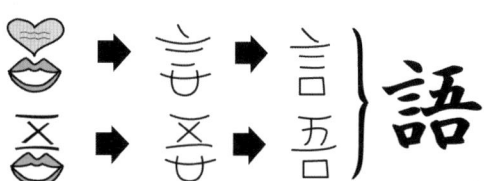

When people speak, they use both their heart and their mouth. A cross denotes friendship (crossing of ideas), which is developed through talking. Friendships, therefore, rely on **language**.

14 かく

- くん　かた(る)
- おん　ご
- れい　日本語 Japanese language
  英語 English language

9 父 — father

Father is represented by a sketch of a man sitting cross-legged at a table.

4 かく

- くん　ちち
- おん　ふ、ほ、ぶ
- れい　お父さん father

10 母 — mother

A **mother** is represented by a sketch of a woman feeding her baby.

5 かく

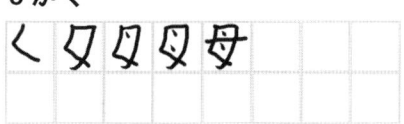

- くん　はは
- おん　ぼ、む、も
- れい　お母さん mother

C1 覚えましょう

Where are you?

1a Sentence pattern

Q どこに いますか。 Where are you?
A シドニーに います。 I'm in Sydney.

1b Sentence pattern

Q けんすけくんは いますか。 Is Kensuke there?
A いいえ、いません。 No, he's not here.

1c Sentence pattern

Q アンドルーくんは どこに いますか。 Where is Andrew?
A （アンドルーくんは）うちに います。 Andrew's at home/in the house.

1d Sentence pattern

Q だれが うちに いますか。 Who is at home?
A アンドルーくんが （うちに） います。 Andrew is (at home).

1. The verb 'to be', 'to exist' for living things is います. This verb can be used when referring to people or animals.
2. When you are talking about the existence of something in a given location, use meaning marker に with います. It has the same meaning as 'in' or 'at', as in the sentence メルボルンに すんでいます (I live *in* Melbourne).
3. は and が are used in a variety of ways depending on the focus of your question or answer. は is generally used to mark the *topic* of the sentence, such as a person or place. が, on the other hand, is usually used to mark the *subject* of the sentence (discussed in Unit 5).
4. When you answer a question like アンドルーくんは どこに いますか, it is not necessary to repeat his name. You can simply reply うちに います.

C2

れんしゅう
練習 しましょう

Andrew and Mariana showed their classmates some photographs of their friends in Japan. They used は to show that their friends were the topic of the sentence and then explained where they were.

1 これは かなさんです。
  おてらに います。

2 これは さちこさんです。
  としょかんに います。

3 これは ともだちです。
  はらじゅくに います。

 としょかん   library

D1 覚えましょう
Past activities

 Up until now, you have been able to tell someone what you do or don't do, what you are doing or not doing, or what you will or won't do (in the future). For example:

ことし りかを べんきょうしています。	I **am** study**ing** science this year.
お父さんは ぎんこうで はたらいていません。	Dad **is not** work**ing** in a bank.
やきゅうを します。	I **play** baseball.
日本へ 行きます。	**I'll go** to Japan.
6じに おきます。	I **get up** at 6 o'clock.
えいがを みません。	I **won't** see a movie.

When telling someone what you *did*, you simply change ます to ました. If you were explaining what you *did not do*, you change ません to ませんでした as shown in the next sentence pattern.

2a Sentence pattern

Q	アンドルーくんは いつ オーストラリアへ かえりましたか。	When did Andrew return to Australia?
A	せんしゅう かえりました。	He returned last week.

2b Sentence pattern

Q	きょねん 日本へ 行きましたか。	Did you go to Japan last year?
A	いいえ、行きませんでした。	No, I didn't (go).

D2

When talking about the *past* the following words or phrases may be useful. These words and phrases are used in the same way as other general time words.

せんしゅう	last week		三日まえに	three days ago
せん月	last month		二ねんまえに	two years ago
きのう	yesterday		ずっとまえに	a long time ago
おととい	the day before yesterday		やすみちゅう	during the holidays
きょねん	last year		しゅうまつに	on the weekend

やすみちゅう まい日 ともだちと たっきゅうを しました。

D3 れんしゅう 練習しましょう

A number of your Japanese friends sent you photos of their family on holidays and described to you what they *did*. What do the captions say?

1 やすみちゅう
  つりへ 行きました。

2 よく レストランで
  ひるごはんを たべました。

3 まい日 かいものを
  しました。

4 べんきょうしませんでした
  けど、本を よみました。

5 うみへ 行きました。

6 CDを ききました。

| よみました | I/You read | うみ | beach, sea |

E1 べんりなことば

Useful expressions

The word せわ means attention, care, kindness and hospitality. It is used to thank someone for their kindness.

おせわに なりました。
Thank you for your kindness.

日本で(は) いろいろ おせわに なりました。
Thank you for the many ways in which you looked after me while I was in Japan.

(日本では) たいへん おせわに なりました。
You took a great amount of care of me (while I was in Japan).

 たいへん is quite a formal word meaning 'very much' and can be used in a letter to express great appreciation.

Tsumiki 2

E2 しつれいします (meaning 'Excuse me' or literally 'I am rude') is used in a variety of circumstances.

1. When wishing to finish a conversation on the telephone.
   では、しつれいします。
2. When entering a superior's office (such as the principal's) to humbly excuse one's rudeness for entering the room.
   しつれいします。
3. When leaving a classroom.
   せんせい、しつれいします。

Note: The word さようなら (goodbye) can seem rude. It gives the impression that you want to leave or don't want to speak anymore.

F 日本語について

Levels of familiarity and formality

When speaking Japanese, you have to be conscious of who you are speaking to, how the listener is connected to you and how polite or formal you should be. Sometimes you need to use polite prefixes such as お and ご. At other less formal times, です can be deleted (as you can see in Andrew's conversation with his host family in A1).

It is common for young people when talking to their friends and family to use the *plain* or *dictionary form* of verbs. However, using these patterns in a formal setting or amongst people you do not know well could be perceived as being quite rude. It is always better to be very polite than slightly rude (even if well intentioned). You will hear the *plain form* being used in some of the listening tasks.

G べんりなことば

In *Tsumiki 1* and in Parts A1 and A2 of this unit you saw some of the ways that 元気 can be used. In each example, you can see varying degrees of politeness.

How are you?
Well, thanks.

You're well?
Yes, what about Kensuke?
Yes, I'm well.

Keep well.
Yes.
Keep well, won't you.

H1 覚えましょう
Describing things in the past

In ***Tsumiki 1***, on pages 126 and 134, you were introduced to a number of adjectives or describing words. If you look at these words carefully you will see that they can be divided into two groups: either *true* adjectives or *quasi* adjectives.

All true adjectives end in い, but very few quasi adjectives do. Many dictionaries put な after quasi adjectives, so you may see them referred to as な adjectives. True adjectives, on the other hand, are often referred to as い adjectives.

The adjectives in this section are all quasi or 'false' adjectives. (They would be called adjectives in English, but they are more like nouns in Japanese.)

To put a quasi adjective into the past tense simply replace です with でした.

3a Sentence pattern

お父さんは　しんせつです。	Father **is** kind.
お父さんは　しんせつでした。	Father **was** kind.

3b Sentence pattern

ディズニーランドは　きれいです。	Disneyland **is** beautiful.
ディズニーランドは　きれいでした。	Disneyland **was** beautiful.

H2 れんしゅう 練習しましょう

Your Japanese friends show you some photographs that they took in Japan before visiting you. Using the quasi adjectives listed below what could your friends have said to describe the scene in the photographs?

1	ゆうめい（な）	famous		8	にぎやか（な）	lively
2	きれい（な）	pretty, clean		9	じょうず（な）	skilful
3	べんり（な）	handy, convenient		10	へた（な）	poor, weak at something
4	きらい（な）	dislike		11	しずか（な）	quiet, peaceful
5	好き（な）	like		12	たいへん（な）	hard, difficult, terrible
6	しつれい（な）	rude		13	へん（な）	strange, odd
7	元気（な）	healthy		14	しんせつ（な）	kind

I 伝(つた)えましょう
Let's communicate

Yoko (Mariana's host sister) sent this email to her friend, Kana. Can you write a suitable reply?

> かなちゃん　元気(げんき)？マリアナさんは　きのう　ニュージーランドへ　かえりました。
> さびしいです。マリアナさんは　わたしと　かなちゃんと　いっしょに
> はらじゅくへ　行(い)きましたね。わたしたちは　かばんを　かいました。
> マリアナさんに　イーメールを　書(か)きましたけど、アドレスを　しりません。
> マリアナさんの　アドレスを　しっていますか。おしえてください。
> じゃ、また。

さびしい	lonely (adj.)	しりません	I/You don't know
わたしたち	we	しっていますか	Do you know?
かばん	bag	おしえてください	Please tell me (teach me)

J New Year Cards

Apart from using ねんがじょう (New Year greeting cards) to wish each other a happy new year, Japanese take this opportunity to thank people for all they have done for them during the passing year and to express hope that the friendship will continue in the new year.
Can you work out what these ねんがじょう mean?
How do these two cards differ from each other?

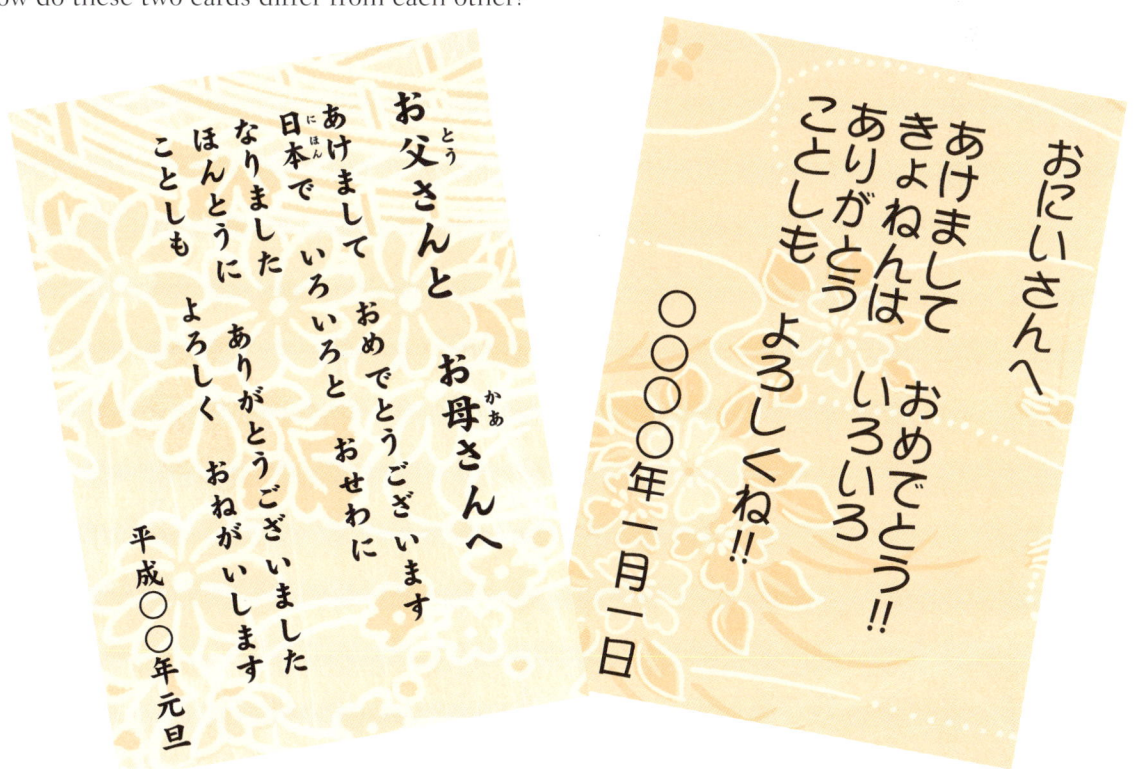

Unit 1　11

K1 つみき新聞

若者(わかもの)について
けいたいでんわ パート1

いま日本で しょうがくせい、ちゅうがくせい、おじいさん、おばあさん、みんな けいたいでんわを つかいます。でも、十ねんまえ がくせいと おとしよりは けいたいでんわを つかいませんでした。はたらいている人だけが つかいました。けいたいでんわで イーメールや しゃしんなどを おくります。インターネットも します。けいたいでんわは とても べんりです。

日本について
アニメと まんが

日本の アニメと まんがは ゆうめいです。アニメは テレビと えいがの まんがです。ちゅうがくせいは アニメを よく みます。まんがも よく よみます。だいがくせいや おとなは あまり アニメを みませんが、まんがを よみます。サラリーマンも よく まんがを よみます。日本の まんがは ときどき ストーリーが とても むずかしいです。こてんなどの まんがは おもしろいです。まんがを よみましょう。

アニメ	animation
おとしより	elderly people
おとな	adults
けいたいでんわ	mobile telephone
サラリーマン	salaryman
つかいます	I/You use
など	and so on, etcetera
はたらいている人だけ	only working people
まんが	comics

K2 日本語について

でんわの ことば

When speaking on the phone it is customary to say もしもし at the beginning of the conversation instead of こんにちは. However, once it is clear who is talking, the speaker sometimes says おはようございます, こんにちは or こんばんは in the usual way. Phone conversations might flow in the following way:

1 「もしもし、_____ です。」
　「あ、_____ さん?」
　「こんにちは …」

2 「もしもし、_____ さんの おたくですか。」
　「はい、そうです。」
　「_____ です。_____ さん、いますか。」

でんわ	telephone
おたく	residence

Tsumiki 2

L 伝(つた)えましょう

Read Yoko's journal entry after Mariana left Japan. What evidence is there that Yoko and Mariana became good friends?

> マリアナさんは　ニュージーランドから　きました。
> 13才です。わたしは　まい日　マリアナさんと　べんきょうしました。
> ひるごはんを　いっしょに　たべました。マリアナさんは　サラダと
> りょくちゃが　きらいでした。あまり　サラダを　たべませんでした。
> そして、　りょくちゃは　ぜんぜん　のみませんでした。おかしと
> オレンジジュースが　好(す)きでした。いつも　チョコレートや
> オレンジジュースや　コーラなどを　かいました。おみやげも　かいました。
> 好きなかもくは　おんがくでした。ピアノが
> じょうずでした。じゅぎょうの　まえに　ピアノを
> ひきました。たっきゅうが　とても　じょうずでした。
> じゅぎょうの　あとで　よく　ともだちと
> たっきゅうを　しました。
> お母さんは　きのう　マリアナさんと　わたしの　しゃしんを　とりました。

Note: Do you remember the pattern あまり… せんでした from *Tsumiki 1*? (p. 142) What does Yoko mean by あまり　サラダを　たべませんでした？

M

チェックしましょう

つぎの　しつもんに　こたえてください。
1 クリスマスの　やすみに　うみへ　行きましたか。
2 よく　えいがを　みますか。
3 きょねん　がっこうで　何を　べんきょうしましたか。
4 せんしゅう　どうやって　がっこうに　きましたか。
5 まい日　かいものを　しますか。
6 たいてい　まい日　コンピュータを　しますか。
7 あなたは　日本語が　じょうずですか。
8 いま　どこに　いますか。
9 きのう　ごご　5じに　どこに　いましたか。
10 きのう　でんわで　だれと　はなしましたか。

など	and so on, etcetera	とります	I/You take (a photo)
おみやげ	souvenir	でんわ	telephone

Unit 1

2 買い物 Shopping

Outcomes
By the end of this unit you will be able to:
- make transactions in a shop
- describe things in the past
- make comparisons
- express cost of items

A1 話しましょう

 Mariana's friends wanted to know about her shopping experiences in Japan.

| 円 | yen | 高かった | It was expensive |
| いくらでしたか | How much was it? | 安かった | It was cheap |

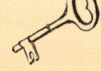

ほかの みせ	another shop	おまたせいたしました	I'm sorry to have kept you waiting
いらっしゃいませ	Welcome	いくらですか	How much is it?
あります	there is/are, exists	高い	expensive (adj.)
はい、かしこまりました	Yes, I'll do whatever I can to assist you	もっと 安いの	a cheaper one
ちょっと おまちください	Please wait a moment	一番 あたらしい	the newest
		どうしましょう（か）	What shall we do?

タックス	tax	いいなあ	That's great
はいっています	That includes everything	うらやましい	I'm jealous *(adj.)*
おつり	change (money)		

A2 話しましょう

Andrew relives a shopping experience he had in Japan.

	ともだち：	アンドルーくん、日本で 買いものを しましたか。
Of course	アンドルー：	**もちろん**。
	ともだち：	買いものは どうでしたか。
It was interesting	アンドルー：	**おもしろかったです**。 けんすけくんと でんでんタウンへ 行きました。
	ともだち：	何を 買いましたか。
	アンドルー：	ニュータイプの ウォークマンを 買いました。
	ともだち：	いくらでしたか。
	アンドルー：	19,800 円でした。
	ともだち：	19,800 円？高かったですね。
No	アンドルー：	**ううん**。

	てんいん：	いらっしゃいませ。
	アンドルー：	すみません。ウォークマンは ありますか。
	てんいん：	はい。どうぞ。 ニュータイプですよ。
	アンドルー：	いくらですか。
	てんいん：	25,000円ですが、22,500 円。一番 あたらしいです。どうですか。
cheap one	アンドルー：	高いですね。 もっと **安いの**は ありますか。
	てんいん：	これは 安いですよ。
	けんすけ：	じゃ、いいです。ほかの みせへ 行きます。 どうも ありがとう。
please wait	てんいん：	あ、ちょっと **まってください**。えっと、じゃあ、21,800 円。どうですか？
	けんすけ：	21,800 円？ ほかの みせは 20,500 円でした。じゃあ、アンドルーくん、ほかの みせへ 行きましょう。
Oh!	てんいん：	**あー**、まってください。じゃ、19,800 円。どうですか？
What will we do?	けんすけ：	アンドルーくん、**どうする？**
	アンドルー：	あのう、タックスは？
	てんいん：	はいっています。
	アンドルー：	じゃ、買います。
	てんいん：	ありがとうございます。
	アンドルー：	はい、20,000 円。
	てんいん：	200 円の おつりです。ありがとうございました。
What!	ともだち：	**へえー**。
I/You/We laughed	アンドルー：	おもしろかったですよ。あとで、けんすけくんと **わらいました**。

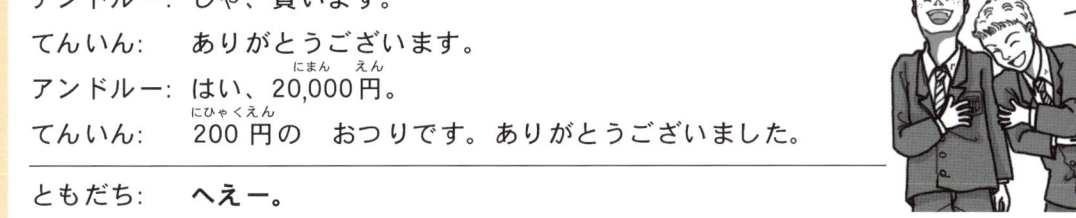

Unit 2

B 漢字を 書きましょう

11 円 yen

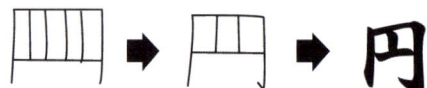

The kanji for **yen** is a sketch of a bank-teller's cage.

4 かく

- くん　まる(い)
- おん　えん
- れい　円 yen
  　　　100円 hundred yen

12 百 hundred

One bag of rice weighed 100 pounds, so the kanji for a **hundred** consists of the kanji for 'one' and a grain of rice, which represents a full bag of 100 pounds.

6 かく

- くん　もも
- おん　ひゃく、はく
- れい　2 百 two hundred

13 千 thousand

When a **thousand** people stand at attention, only the first person can be seen.

3 かく

- くん　ち
- おん　せん
- れい　千 1 000
  　　　千人 thousand people

14 万 ten thousand

This kanji came from the original Indian symbol for Buddhism, which was pronounced manji. The symbol came to represent a 'great number' of something and eventually became **ten thousand**.

3 かく

- くん　よろず
- おん　まん
- れい　一万円 10 000 yen

15 高 high, costly

A castle is built on a **high** hill. It is also **costly** to build.

10 かく

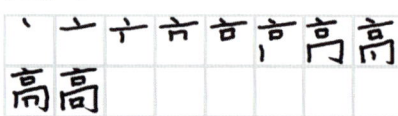

- くん　たか(い)
- おん　こう
- れい　高い high, costly
  　　　高校生 high school student

16 安
safe, cheap

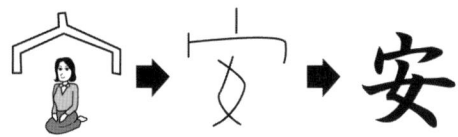

A home with a roof and a woman inside was seen as a **safe** place. It was also considered **cheaper** for a family (represented by a woman) to eat in the home, rather than going out.

6 かく

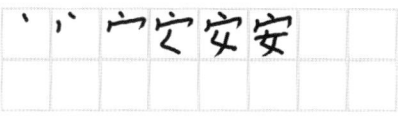

くん	やす(い)
おん	あん
れい	安い safe, cheap

---

17 大
big, great

A person standing tall, stretching arms and legs, looks **big**.

3 かく

くん	おお(きい)
おん	だい、たい
れい	大きい big, 大好き like a lot 大学 university

---

18 小
small, little

A person standing with arms down looks **small**.

3 かく

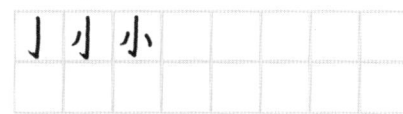

くん	ちい(さい)、こ、お
おん	しょう
れい	小さい small 小学校 elementary school

---

19 買
buy

The first business in Japan was supposedly fortune-telling. Tortoise shells were used as the currency. Hence, the word **buy** is represented by a net, used to catch the tortoise, and a tortoise.

12 かく

くん	か(う)
おん	ばい、め
れい	買う to buy 買い物 shopping

---

20 番
number

The **number** of rice seeds that were planted (and that grew) was very important to the Japanese. This kanji comes from a sketch of a hand sowing seeds in a field.

12 かく

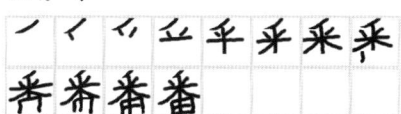

くん	ばん、つがい
おん	ばん
れい	一番いい the best 一番安い the cheapest

Unit 2

C1 覚えましょう
Describing the past

 Describing things in the past tense is easy once you know whether the adjective is true (an い adjective) or quasi (a な adjective). You saw in Sentence pattern 3 that you just had to add でした to the quasi adjective.
For example: いのうえさんは　しんせつでした。　　Mrs Inoue was kind.
With a true adjective, simply replace the final い with かったです as shown in the next sentence pattern. (The です on the end makes this expression polite. You will sometimes hear Japanese delete it.)

4 Sentence pattern

えいがは　おもしろかったです。　　The movie was interesting.

C2 練習しましょう

Mariana showed the class her photos of Japan. She used lots of true adjectives as she described the people, places, things and events. What could she have said (using the true adjectives below) about the photos below?

 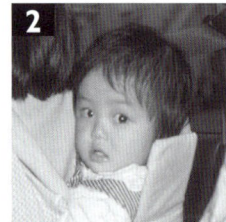   

たのしい	enjoyable, fun (adj.)	あまい	sweet (adj.)
おもしろい	interesting (adj.)	あぶない	dangerous (adj.)
つまらない	boring (adj.)	小さい（ちい）	little (adj.)
高い（たか）	expensive, high (adj.)	大きい（おお）	big (adj.)
安い（やす）	cheap, inexpensive (adj.)	さびしい	lonely (adj.)
うらやましい	envious, enviable (adj.)	いそがしい	busy (adj.)
あたらしい	new, fresh (adj.)	きたない	dirty (adj.)
おいしい	delicious (adj.)	みじかい	short (adj.)
かわいい	cute (adj.)	ながい	long (adj.)
うつくしい	beautiful (adj.)	くさい	smelly (adj.)
こわい	scary (adj.)	いい（よい）	good (adj.)
まずい	tasteless, plain, terrible (food) (adj.)	Note: Use よい in words such as よくない (not good) and よかった (it was good)	

Tsumiki 2

D1 覚えましょう

How much?

Knowing just a few words and phrases can make a shopping experience in Japan so much more fun.

5a Sentence pattern

Q　いくらですか。　　　　　How much is it?
A　２２，５００円です。　　It is ￥22 500.
　　(にまんにせんごひゃくえん)

5b Sentence pattern

Q　いくらでしたか。　　　　How much was it?
A　２２，５００円でした。　It was/cost ￥22 500.

 If you want to ask these questions in the past tense, replace です with でした.

D2 練習しましょう

Numbers follow a very logical sequence in Japanese. You already know the numbers 1–99. Once you've mastered 百, 千 and 万 you'll be able to give the price of just about anything. Notice how 10 000 is written as 一万 or １万 (one × ten thousand).

100	百	ひゃく	5 000	五千	ごせん
120	百二十	ひゃくにじゅう	10 000	一万	いちまん
199	百九十九	ひゃくきゅうじゅうきゅう	11 000	一万一千	いちまんいっせん
200	二百	にひゃく	12 000	一万二千	いちまんにせん
300	三百	さんびゃく	15 000	一万五千	いちまんごせん
365	三百六十五	さんびゃくろくじゅうご	20 000	二万	にまん
400	四百	よんひゃく	35 000	三万五千	さんまんごせん
600	六百	ろっぴゃく	90 000	九万	きゅうまん
800	八百	はっぴゃく	100 000	十万	じゅうまん
1 000	千	せん	500 000	五十万	ごじゅうまん
3 000	三千	さんぜん			

D3

How much are each of these items?

1 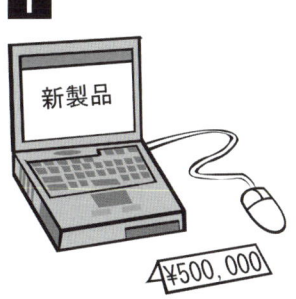　**2** 　**3** 　**4**

E1 覚えましょう
Do you have ...?

説明 In Sentence pattern 1, you asked about someone's existence.

Q　けんすけくんは　いますか。　　Is Kensuke there?
A　いいえ、いません。　　　　　　No, he's not (here).

The verb います is usually used when referring to living things. In the next pattern, the verb あります is used. あります has a similar meaning to います but it is used for inanimate (non-living) things. It means 'to exist' or 'to be'. It also means 'to have' or 'to possess'. Study these sentences and see some of the ways in which あります can be used.

6a Sentence pattern

Q　ウォークマンは　ありますか。　　Do you have any walkmans? /Are there walkmans here?
A　はい、あります。　　　　　　　　Yes, we do/ Yes, there are.

6b Sentence pattern

Q　13,000 円（は）　ありますか。　Do you have ¥13 000?/Is there ¥13 000?
　　いちまんさんぜんえん
A　はい、あります。　　　　　　　Yes, I do/Yes, there is.

6c Sentence pattern

Q　もっと　安いのは　ありますか。　Do you have a cheaper one?
　　　　　やす
A　でも、これは　一番　あたらしいです。　But, this is the newest.
　　　　　　　　いちばん

6d Sentence pattern

Q　13,000円（を）　もっていますか。　Do you have/hold/possess ¥13 000?
　　　　　えん
A　はい、もっています。　　　　　　　Yes, I do. (*Lit*. Yes, I am holding it.)

説明
1　一番　あたらしい is the same pattern used in Sentence pattern 13 of Book 1:
　　一番　好きなかもくは　何ですか．

2　もっています is a completely different type of verb to あります and refers to the physical holding or possessing of something.

3　In some situations, Japanese delete the meaning marker. The parenthesis in the above patterns (...) indicates that these meaning markers may be deleted.

　もっています　　I/You have, hold, possess　　かもく　　(school) subject

E2 日本語について

You may have noticed that in the dialogues throughout this unit, when someone asked a shop assistant if they had an item, which they did not have, the shop assistant did not say a straight-out 'No'. Such a response is considered quite rude and is usually avoided. In order to confirm that a shop does not have something, you could ask:

ウォークマンは　ありませんね。　　You don't have any walkmans, do you?

The shop assistant could then reply:

はい、ありません。　　Yes (you are right), we don't have any.

F べんりなことば

Welcome.

I'll take this one.
Yes, certainly.

It's expensive, isn't it?
Do you have a cheaper one?
Please wait a minute.

Sorry to keep you waiting.

G 伝えましょう

Mariana wrote a letter to her friend, Mai.
What memories and feelings does she have of life in Japan and her friends?

まいさん

　お元気ですか？　わたしは　元気です。日本では　どうも　ありがとう。とても　たのしかったです。よく　じゅぎょうの　あとで　まいさんの　うちへ　行きました。まいさんの　うちに　グランドピアノが　ありました。うらやましかったです。わたしの　うちに　ピアノは　ありますが、グランドピアノは　ありません。まいさんと　いっしょに　ピアノを　ひきました。　ときどき　うたいましたね。まいさんは　うたが　じょうずでしたけど、わたしは　あまり　…　。

　いま、オークランドの　がっこうで　ともだちが　日本について　わたしに　しつもんします。日本の　がっこうについて、せいかつについて、ともだちについて、べんきょうについて、たべものについて　…　。ニュージーランドの　がっこうに　きゅうしょくが　ありません。みんな　きゅうしょくについて　しつもんします。がっこうの　せんせいも　わたしに　いろいろ　しつもんします。わたしは　きゅうしょくが　大好きでした。おいしかったです。でも、ときどき　サラダを　たべませんでした。

　また、てがみを　書きます。クラスの　みんなに　よろしくね。

　じゃあ、また。

　　　　　　　　　　　　　　マリアナ

うたいます	I/You sing	せいかつ	life, living
しつもんします	I/You ask questions	大好き（な）	like a lot
… について	about …, concerning …		

H 伝えましょう

Andrew was able to share his experiences by showing people his journal. How would you describe a similar activity at the end of the day?

ぼくは ある日 きょうとへ 行きました。じんじゃの フリーマーケットに 一人で 行きました。9じに おおさかから きょうとまで でんしゃで 行きました。きょうとから じんじゃまで バスで 行きました。11じに つきました。
フリーマーケットは とても こんでいました。にぎやかでした。本や ようふくや くつなどが ありました。コップや いすや つくえなども ありました。ぼくは まんがの 本を みましたが、買(か)いませんでした。たべものや のみものの みせも ありました。
たこやきや おこのみやきの においが おいしそうでした。ぼくは たこやきと ジュースを 買いました。
おいしかったです。
5じに うちに かえりました。
フリーマーケットは おもしろかったです。

ある日	one day, a certain day	コップ	glass
こんでいました	was crowded	まんが	comic
ようふく	clothes	おこのみやき	okonomiyaki, savoury pancake
くつ	shoes	におい	smell

I 日本語について

おもしろいカタカナのことば – えい語

カタカナの ことばは ふつう 「がいらい語」ですが、ときどき 日本人は おもしろいカタカナの ことばを つかいます。気を つけてください。

アイスコーヒー	iced coffee	アニメ	an animated cartoon
ココア	cocoa	トランプ	playing cards
サイダー	lemonade/soda	レジ（がかり）	a cashier
ミックスジュース	mixed juice	キャッシュカード	a cash card
プリン	pudding		

| ふつう | normal(ly) | 気を つけて | be careful |
| がいらいご | foreign words | | |

Unit 2

つみき新聞

日本について

100円ショップ

いま 日本で 100円ショップは とても おもしろいです。しゅうまつは こんでいます。何でも 百円です。かばん、ノート、えんぴつ、けしごむ、おりがみ、たんじょうびの カード、スリッパ、タオル、ざぶとん、はし、ちゃわん、けんだま、トランプ、でんち など いろいろ あります。百円ですが、タックスは はいっていません。

若者について

コンピュータゲーム

若者は よく コンピュータゲームを します。よるや じゅぎょうの あとで ゲームを します。やすみの日も します。ときどき 一人で、ときどき ともだちと します。とかいには あたらしい ゲームセンターが たくさん あります。おおきい ゲームセンターが あります。ふつう ゲームは 一かい 百円 くらいです。がくせいも おとなも ゲームセンターで あそびます。

一かい	first floor		とかい	big cities
大人	adult		何でも	everything
けしごむ	eraser		はし	chopsticks
でんち	batteries		ふつう	normally

J チェックしましょう

つぎの しつもんに こたえてください。

1　きのうの ばんごはんは どうでしたか。
2　きょねんの クリスマスの やすみは どうでしたか。
3　買いものが 好きですか。
4　How do you write the following prices in hiragana? How much would each item cost today in your own currency?

　　a　￥1 800　　b　￥1 200　　c　￥1 000
　　d　￥22 500　 e　￥800　　　f　￥100
　　g　￥45 000　 h　￥11 700　 i　￥900
　　j　￥25 000　 k　￥4 500　　l　￥5 300

5　一番 あたらしいCDは 何ですか。

3 お客 (きゃく) Visitors

Outcomes

By the end of this unit you will be able to:
- make decisions about how to spend your leisure time
- say what you would or would not like to do
- talk about the weather

A1 話しましょう

Manly High School is hosting a group of Japanese students. Andrew and his friends, Hassan Ibrahm and Ben Ryan, are making plans for the visit.

ちゅうがくせい	junior high school student	どこか	somewhere
しゅうまつ	weekend	ロックス	The Rocks
まだ	still, yet	何を しに 行きますか	What are we going to do?

Unit 3

あまり おもしろくない	It is not very interesting	や … や … など	… and … and, etcetera
行きたくない	I don't want to go	すいぞくかん	aquarium
フォックス・スタジオ	Fox Studio	行きたい	I want to go
すこし	a little	あまり 行きたくない	I don't really want to go

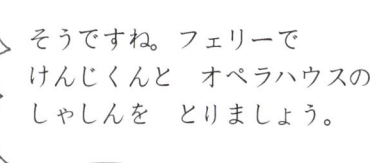

あつくない	not hot	サーキュラー・キー	Circular Quay
…ですから	Because it is …	みんなで	all together
タロンガ・ズー	Taronga Zoo		
…を 見に 行きましょうか	Shall we go to see …		

A2 話しましょう

Mariana's school is also hosting Japanese visitors. Mariana talks to her friend, Emily, about what they are going to do.

マリアナ： エミリーさん、らいしゅう 日本の
ちゅうがくせいが グリーン・ベイ・
ハイ・スクールへ きますね。

エミリー： はい。わたしの かぞくは たなか
まなさんの ホストファミリーです。

マリアナ： まなさんと いっしょに どこへ
行きますか。

エミリー： Kelly Tarlton's Underwater Worldへ
行きたいです。おもしろいです。

Will you take (someone)　マリアナ： まなさんを 買い物に **つれて
行きますか**。

エミリー： はい。

マリアナ： どこへ つれて行きますか。

エミリー： シティへ つれて行きます。

マリアナ： シティですか。わたしも いっしょに 行きたいです。

Let's look for souvenirs　エミリー： もちろん、いいですよ。いっしょに **おみやげを さがしましょう**。

マリアナ： そのあと、何を しましょうか。

エミリー： そうですね。えいがを 見に 行きましょうか。

not interesting　マリアナ： いま、えいがは **おもしろくない**です。

Auckland Zoo　エミリー： じゃあ、**オークランド・ズー**へ
kiwi　　　　　　　　　**キウイ**を 見に 行きましょうか。

マリアナ： いいですね。わたしも キウイを 見に
行きたいです。かわいいです。

エミリー： じゃあ、あさ オークランド・ズーへ
行きましょう。そのあと、
シティで 買い物を しましょう。
ひるごはんも 食べましょう。

マリアナ： たのしいですね。Rainbow's End Adventure
Parkは どうですか。

I don't really like it　エミリー： うーん、わたしは **あまり 好きじゃない**です。
マリアナさんは 好きですか。

Let's ask …　マリアナ： わたしは 好きです。おもしろいです。でも、まなさんに **聞きましょう**。

エミリー： そうですね。そうしましょう。

Tsumiki 2

B 漢字を 書きましょう

21 天 heaven

Above a person's head is an expansive roof, which represents **heaven** or the *sky*.

4かく
一 二 チ 天

くん　あめ、あま
おん　てん
れい　天気(てんき) weather

22 見 see, look

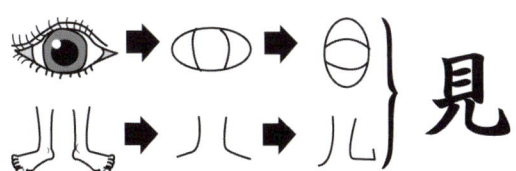

Looking around and **seeing** everything involves both the eyes and the legs.

7かく
｜ 冂 冂 月 目 貝 見

くん　み(る)
おん　けん
れい　見(み)る to see

23 食 eat

The lower part of the kanji shows the rice being cooked over a fire. The top part of the kanji represents a roof under which the rice is **eaten**.

9かく
ノ 人 人 今 今 合 food 食

くん　く(う)、た(べる)
おん　しょく、じき
れい　食(た)べる to eat

24 話 speak

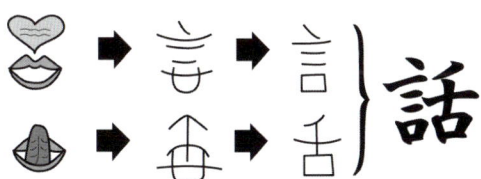

When we **speak** we use our heart and mouth and, as shown in the second radical, our tongue.

13かく

くん　はな(す)、はなし
おん　わ
れい　話(はな)す to speak、話(はなし) talk
　　　電話(でんわ) telephone

25 動 move

The first radical represents a pile of boxes. To **move** the boxes you need strength (symbolised by the arm muscle).

11かく
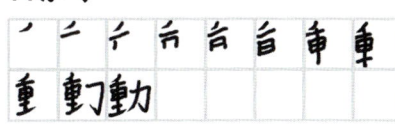

くん　うご(く)
おん　どう
れい　動物(どうぶつ) animal
　　　動(うご)く to move

26 物 — thing, article

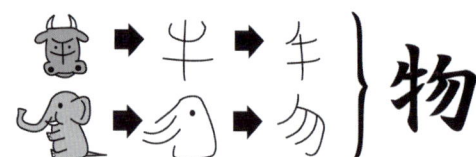

An elephant or ox can move all things. This abstract character means **thing** or **article**.

8 かく

- くん　もの
- おん　ぶつ
- れい　動物 animal, 食べ物 food
  　　　生物 biology

27 寺 — temple

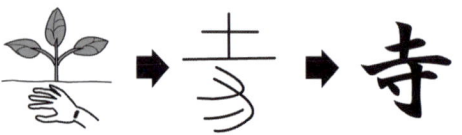

Distance and time were measured at the **temple**. A **temple** was once represented by a plant (crops) that had to be weighed and the hand showing where the pulse is measured.

6 かく

- くん　てら
- おん　じ
- れい　お寺 temple

28 時 — time

Time is represented by the characters for temple and the sun. Historically, temples were responsible for the measurement of **time** and they kept the calendar.

10 かく

- くん　とき
- おん　じ
- れい　一時 one o'clock

29 半 — half

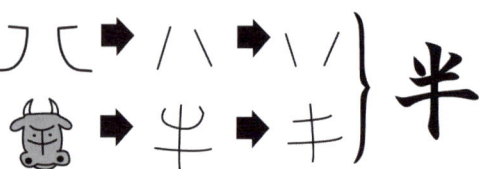

The top radical shows something being cut in **half**. The second part shows a cow, which was very valuable and could be halved.

5 かく

- くん　なか(ば)
- おん　はん
- れい　四時半 half past four

30 聞 — listen

To **listen** is represented by two shoji screens and an eavesdropper's ear pressed against them, **listening** to the conversation on the other side.

14 かく

- くん　き(く)
- おん　ぶん、もん
- れい　聞く to listen
  　　　新聞 newspaper

C1 覚えましょう
Going places

The next sentence pattern is an extension of Sentence pattern 44 in *Tsumiki 1* in which に was used to indicate purpose.

7 Sentence pattern

Q	何を　しに　行きましょうか。	What shall we go and do?
A1	えいがを　見に　行きましょう。	Let's go and see a movie.
A2	スナックを　買いに　行きましょう。	Let's go and buy a snack.
A3	ばんごはんを　食べに　行きましょう。	Let's go and eat dinner.

 The middle part of this pattern is formed by adding に (indicating 'purpose') to the stem of the verb. It may help you to understand this pattern by translating it as 'Let's go *for the purpose of* watching a movie' or 'Let's go *for the purpose of* buying a snack' or 'Let's go *for the purpose of* eating dinner.'

C2 練習しましょう

When you ask your Japanese visitors 何を　しに　行きましょうか there could be numerous possible answers, such as the ones below. Can you think of any others?

- うみへ　およぎに　行きましょう。
- びじゅつかんへ　えを　見に　行きましょう。
- はくぶつかんへ　きょうりゅうを　見に　行きましょう。
- なんでも　いいです。
- いけへ　つりに　行きましょう。
- 動物を　見に　行きましょう。
- ダムへ　およぎに　行きましょう。
- かわへ　およぎに　行きましょう。
- えいがを　見に　行きましょう。
- みずうみへ　およぎに　行きましょう。
- しゃしんを　とりに　行きましょう。

びじゅつかん	art gallery	ダム	dam
はくぶつかん	museum	みずうみ	lake
きょうりゅう	dinosaur	かわ	river
いけ	pond	なんでも　いい	Whatever is fine

覚えましょう
I want to ...

With the next sentence pattern, you are sure to earn yourself a reputation as a thoughtful host.

8 Sentence pattern

Q	何を　したいですか。	What do you want to do?
A1	おみやげを　さがしたいです。	I want to look for souvenirs.
A2	オーストラリアの　動物を　見に　行きたいです。	I want to go and look at (the) Australian animals.

説明　If you want to say 'I want to do such-and-such' you have to replace 〜ます with 〜たい（です）. You can see that this ending is the same as that of true adjectives (i.e. ending in い). This is because a verb put into the 〜たい form is a kind of adjective describing a person's desire to do something. Because it is a personal feeling, take care only to use it when talking about yourself or when asking other people about themselves. In E you can see various ways of using it to make sure that you are not considered too demanding a visitor!

動物えんへ　行き**ます**。　　　　I **will go** to the zoo.
動物えんへ　行き**たい**です。　　I **want to** go to the zoo.

You will see later how the 〜たい ending is treated in just the same way as any true adjective.

動物えん　　ZOO

 ## 練習しましょう

Imagine that you are in Japan. What do you want to do in each situation?

1 トイレへ　行きたいです。

2 4時半に　買い物に　行きたいです。

4 ビルを　見たいです。
　すごく　高いですね。

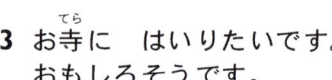
3 お寺に　はいりたいです。
　おもしろそうです。

5 1時半に　じしょを
　買いたいです。

すごく　very　　　　　じしょ　dictionary

Tsumiki 2

E べんりなことば

If *you* are the person being asked 何を したいですか always make sure that you are not too pushy or demanding when answering. Using it amongst classmates and other friends is okay, but in some situations you might want to 'soften' the request, as shown in the following examples.

1. どこへ 行きたいですか。Where do you want to go?

   どこでも いいですが、おおさかじょうを 見たいです。
   Anywhere is fine but I do want to see Osaka Castle.

2. 何を 見たいですか。What do you want to see?

   何でも いいですが、日本の 動物を 見たいです。
   Anything will be good but I want to see some Japanese animals.

3. 何を しに 行きたいですか。
   What do you want to go and do?

   しゃしんを とりたいですか。
   Do you want to take some photos?

4. どこへ 食べに 行きたいですか。
   Where do you want to go to eat?

   どこでも いいです。
   あなたは 何が 食べたいですか。
   Anywhere is okay. What do you want to eat?

5. どこかへ 行きたいですか。Do you want to go somewhere?

   ええ。でも、日本の おみやげを 買いたいです。
   Yes. However, I want to buy some Japanese souvenirs.

6. どんな おみやげを 買いたいですか。
   What kind of souvenirs do you want to buy?

   わかりません。何でも いいです。
   I don't know. Anything is okay.

7. とうきょうで 何を したいですか。
   What do you want to do in Tokyo?

   一つ おねがいが あります。
   できれば、ふじさんを 見たいです。
   I have one request. If I can, I want to see Mt Fuji.

どこでも	anywhere	おねがい	request
おおさかじょう	Osaka Castle	できれば	if I can, if it is possible
一つ	one	ふじさん	Mt Fuji

F 覚えましょう
天気
Weather

When deciding what you will do or where you will go you need to consider the weather. Some of the following conditions may not be ideal for a day at the zoo!

How is the weather?

天気はどうですか。

1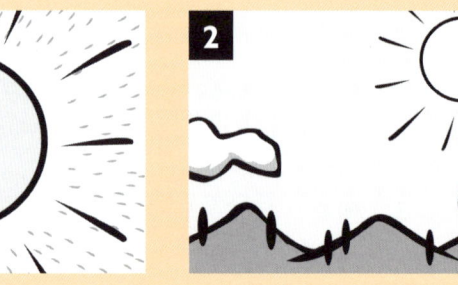
あついです。
It's hot. (*adj.*)

2
はれです。
It's fine.

3
くもりです。
It's cloudy.

4
かぜが あります。
It's windy. (There is wind.)

5
あめです。
It's rainy.

6 14℃
すずしいです。
It's cool. (*adj.*)

7
あたたかいです。
It's warm. (*adj.*)

8
むしあついです。
It's humid. (*adj.*)

9 3℃
さむいです。
It's cold. (*adj.*)

10
ゆきが ふっています。
It's snowing.

11
あめが ふっています。
It's raining.

Tsumiki 2

G 覚えましょう

It is not …

 In Unit 7 of **Tsumiki 1** you learnt how to say something is not something else. For example:

これは　すしじゃないです。(This is not sushi.)

Because quasi adjectives are treated like nouns in Japanese, you can express them in the same way. For example:

せんせいは　ゆうめいじゃないです。The teacher is not famous.

Noun/Quasi adjective + じゃないです = It is not …

When you want to use the negative form of a true adjective the process is different – as shown in the next pattern.

9a Sentence pattern

Q	えいがは　おもしろいですか。	Is the movie interesting?
A1	いいえ、おもしろくないです。	No, it's not interesting.
A2	あまり　おもしろくないです。	It's not very interesting.
A3	ぜんぜん　おもしろくないです。	It's not interesting at all.

9b Sentence pattern

えいがを　見に　行きたくないです。　　I don't want to go and see the movie.

 The pattern for putting a true adjective or the 〜たい verb ending in the negative is simple: Replace final い with くない（です）.

おもしろい（です）。	It is interesting.
おもしろくない（です）。	It is not interesting.
行きたい（です）。	I want to go.
行きたくない（です）。	I don't want to go.

H 覚えましょう

Because …

The next pattern is easy as long as you try to think in Japanese.

10 Sentence pattern

a　高いですから、コンサートへ　見に　行きたくないです。
　　Because it is expensive, I don't want to go and see the concert.

b　タロンガ・ズーへ　行きますから、カンガルーを　見ます。
　　I'll see a kangaroo because I'm going to Taronga Zoo.

 から (*because*) goes at the end of a 'reason', which is usually the first part of the Japanese sentence.

I 覚えましょう

... and others

 In Sentence pattern 12 in ***Tsumiki 1*** you saw how you use や to mean '... and others' in an incomplete list. Another common way to list something is to use ...や...や...など. Andrew uses this pattern in dialogue A1 to list some of the places where he went in Japan.

11 Sentence pattern

Q アンドルーくん、日本で　どこへ　行きましたか。
Andrew, where did you go in Japan?

A お寺や　じんじゃや　でんでんタウンや　すいぞくかんなどへ　行きました。
I went to temples, shrines, Electric Town, the aquarium and so on.

J 伝えましょう

Hassan had been keen to be a good host when Kenji stayed with him. He sent an email to introduce himself and received a reply. Do you think Hassan and his friends chose appropriate places to take Kenji?

メール

けんじくん

はじめまして。ぼくは　ハッサン　イブラムです。どうぞ　よろしく。けんじくんは　シドニーに　きますね。ぼくの　かぞくは　けんじくんの　ホストファミリーです。かぞくは　お父さんと　お母さんと　ぼくと　いもうとです。シドニーで　ぼくと　ともだちの　アンドルーくんと　ベンくんと　あそびましょう。けんじくんは　シドニーで　どこへ　行きたいですか。何を　したいですか。
メールを　ください。
じゃ、また。

ハッサン

メール

ハッサンくん

メールを　どうもありがとう。こちらこそ　どうぞ　よろしく。ハッサンくんは　日本語が　じょうずですね。うらやましいです。ぼくは　えい語が　じょうずじゃないです。

＞けんじくんは　シドニーで　どこへ　行きたいですか。何を　したいですか。

どこでも　いいです。でも、一つ　おねがいが　あります。ぼくは　オーストラリアの　動物を　見に　行きたいです。コアラや　カンガルーや　ウォンバットなどを　見たいです。
よろしくね。

けんじ

K 伝えましょう

Mana sent the following letter back to Japan. How has her stay with Emily been so far? What has she done and what does she plan to do?

せんせい

　お元気ですか。わたしは　元気です。
きのう　ニュージーランドに　つきました。ニュージーランドは　すずしいです。
ぜんぜん　あつくないです。でも、きのうも　きょうも　あめですから、つまらないです。
日本は　どうですか。
　きのう　ホストファミリーの　みなさんに　あいました。お父さんと　お母さんと
エミリーさんです。みなさんは　とても　しんせつです。お父さんと　お母さんは
日本語を　話しませんが、エミリーさんは　すこし　話します。
　わたしは　まい日　エミリーさんと　いっしょに　がっこうへ　行きます。きょう
クラスの　みんなに　あいました。そして、いっしょに　べんきょうしました。えい語は
むずかしいです。じゅぎょうの　あとで　ウエルカム・パーティーが　ありました。
パーティーで　エミリーさんや　エミリーさんの　ともだちと　話しました。
　きょうは　天気が　よくないですから、買い物に　行きません。でも、あした
マリアナさんと　エミリーさんと　いっしょに　買い物に　行きたいです。しゅうまつ
ニュージーランドの　動物を　見に　行きたいです。また、てがみを　書きます。

たなか　まな

L

つみき新聞　若者について

しゅうがくりょこう

日本の　小がくせい（六ねんせい）と ちゅうがくせい（二ねんせいか　三ねんせい）と 高こうせい（二ねんせい）は　クラスの　みんなと しゅうがくりょこうへ　行きます。せんせいが がくせいを　つれて　行きます。がくせいは　みんな 行きます。

小がくせいは　こくないりょこうを　します。 行きさきは　なら、きょうと、かまくら、 にっこうなどです。
ちゅうがくせいと　こうこうせいの 行きさきは　ほっかいどう、 きょうと、おきなわ、ながさき、とうきょう などです。
かいがいりょこうの 行きさきは かんこく、 ちゅうごく、 シンガポール、 マレーシア、 インドネシア、 オーストラリア などです。

行きさき	destination, goal	こくないりょこう	domestic travel
か	or	しゅうがくりょこう	school trips
かいがいりょこう	international travel	小がくせい	elementary school student

つみき新聞
日本について

おしょう月と おぼん

日本人は おしょう月の やすみと おぼんの やすみを とても たのしみに しています。みんなが かいがいりょこうや こくないりょこうを します。ひこうき、しんかんせん、でんしゃ、バス、フェリーなどは いっぱいです。やすみは いっぱいです。こうそくどうろも いっぱいです。

おしょう月は 一月一日から 一月三日までです。日本で おしょう月は とても たいせつです。がっこうも かいしゃも やすみです。がっこうは 十二月二十日くらいから 一月八日までふゆやすみです。かいしゃの やすみは 十二月二十九日くらいから 一月五日くらいまでです。かぞくと いっしょに あそびに 行きます。よく おじいさんも おばあさんも いっしょに 行きます。

ゴールデンウィークは 四月二十九日から 五月五日までです。四月二十九日は みどりの日、五月三日は けんぽうきねん日、五月五日は こどもの日です。がっこうも かいしゃも やすみです。でも、四月三十日、五月一日、五月二日に がっこうは やすみじゃないです。かいしゃいんは あそびに 行きますが、

がくせいは がっこうの せんせいと クラスの ともだちと いっしょに えんそくに 行きます。おぼんは 八月十三日、十四日、十五日です。がっこうは 七月二十日くらいから 八月三十日くらいまで なつやすみです。かいしゃいんは おぼんの やすみを とります。大人も こどもも りょこうや おはかまいりを します。おはかまいりは ときどき しんせきの 人も いっしょに 行きます。おぼんに おまつりを します。そして ぼんおどりを します。

ーしゅうかん	one week	こうそくどうろ	expressway, highway
いっぱい	full	こくないりょこう	domestic travel
おしょう月	New Year's Day	こどもの日	Children's Day
大人	adults	しんせき	relatives
おはかまいり	return to the graves	たいせつ（な）	important
おぼん	Buddhist festival of the dead	とります	I/You take
おまつり	festivals	なつやすみ	summer holiday
かいがいりょこう	overseas travel	ふゆやすみ	winter holiday
ききょう	return to one's home town	ぼんおどり	Bon Dance
けんぽうきねん日	Constitution Remembrance Day	みどりの日	Green Day

L3 日本語について

日本語について
カタカナの ことば - フランスと ポルトガルの 食べ物(た もの)

カタカナの ことばは ほとんど えい語ですが、ほかの くにの ことばも あります。
ひょうを 見てください。フランスと ポルトガルの 食べ物の なまえが あります。

Japanese word	English word	Original word (language)
シュークリーム	a cream puff	chou à la crème (French)
パン	bread	pão (Portuguese)
カステラ	sponge cake	pão de Castella (Portuguese)
ピーマン	capsicum	piment (French)
グラタン	gratin	gratin (French)
コロッケ	a small roll of vegetables, minced meat or fish fried in breadcrumbs	croquette (French)

| ほとんど | almost all | ひょう | table |

M チェックしましょう

つぎの しつもんに こたえてください。
1 クリスマスの やすみに 何を したいですか。
2 きょうの 天気は どうですか。
3 かぞくは いっしょに よく えいがを 見に 行きますか。
4 a がっこうは 好きですか。
　　□ 大好きです。
　　□ 好きです。
　　□ あまり 好きじゃないです。
　　□ ぜんぜん 好きじゃないです。
　b どうして？

| どうして | why |

えいがを 見に 行きましょう。

たまごです。

まぐろです。

4 外食
がいしょく
Eating out

Outcomes

By the end of this unit you will be able to:
- make simple comparisons
- understand how and when to use informal language
- give opinions using the negative past tense
- discuss food using a variety of expressions
- use Japanese counting systems
- discuss cost of food

A1 話しましょう

Emily takes her guest, Mana, to a sushi restaurant for dinner. She realises just how important it is to know the names of some of the fish in Japanese.

すしや	sushi shop, restaurant	… は からだに いい	… is good for you
さかな	fish	まぐろ	tuna
… を 教えてください	Please teach me (about) …		

二つ	two (Japanese counter)	これは 日本語で 何と いいますか。	What's this called in Japanese?
高すぎます	It is too expensive		
かいてんずしのみせ	sushi train	かき	oyster
食べてみますか	Will you try it?	たい	sea bream

Unit 4

A₂ 話しましょう

Hassan has taken Kenji out to see the sights of Sydney. Food soon becomes the topic of conversation.

タロンガ・ズーで

I'm hungry

ハッサン： けんじくん、**おなかが すきました**。ひるごはんを 食べましょう。
けんじ： オーケー。

ひるごはんの あとで

ハッサン： タロンガ・ズーの チョコレートマフィンは おいしかったですね。

It was too big

けんじ： おいしかったですけど、**大きすぎましたよ**。
ハッサン： 大きすぎましたか？そうですか。
日本の マフィンは 大きくないですか。

more

けんじ： **もっと** 小さいですよ。
ハッサン： そうですか。シェークは どうでしたか。

It was not very nice

けんじ： ストロベリーシェークは **あまり おいしくなかったですよ**。
ハッサン： チョコレートシェークは おいしかったですよ。
けんじ： そう …。あ、オーストラリアの Mサイズは 大きいですね。日本の
Lサイズと おなじくらいですよ。

price

ハッサン： 日本で **ねだんは** いくらですか。

About ... yen

けんじ： Lサイズの シェークは 280円くらいです。
ハッサン： 高いですね。

... is about the same as ...

けんじ： マフィンの サイズは プラムと おなじくらいです。

It is far too small

ハッサン： え？プラム？**小さすぎますよ**！
けんじ： 小さいですけど、ねだんは おなじくらいですよ。
ハッサン： え？がっこうの タックショップの マフィンも 小さいですけど、
安いですよ。
けんじ： きのう タックショップの マフィンを 食べましたよ。
大きくなかったですけど、おいしかったです。でも、日本の マフィンは
もっと 小さいですよ。
ハッサン： もっと 小さいですか。そして、ねだんは おなじくらいですか。
高すぎますよ！

B 漢字を 書きましょう

31 多 many

In this picture the moon is rising twice, symbolic of the moon rising **many** times.

6かく

くん おお(い)
おん た
れい 多い many

32 楽 enjoyable

A set of bells and drums represents music, which is **enjoyable**.

13かく

くん たの(しい)
おん らく、がく
れい 楽しい enjoyable
　　 おん楽 music

33 名 name

When the moon rises and night falls it becomes harder to see people's faces. They have to call out their **name** to identify themselves (represented by the mouth).

6かく

くん な
おん めい、みょう
れい 名前 name

34 前 before, in front

The top radical shows meat on a chopping board. The lower radicals show a steak waiting to go on the chopping board, and the chopper. They represent the preparation that occurs **before** a meal.

9かく

くん まえ
おん ぜん
れい 前 before, in front of
　　 名前 name

35 教 teach

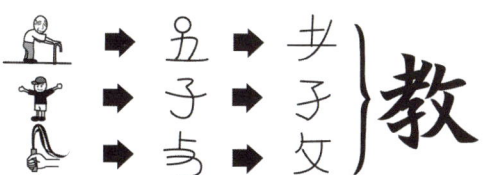

The kanji for **teach** consists of three parts. The first radical is an old man representing a learned teacher. The second is a child. The third represents a whip to indicate discipline.

11かく

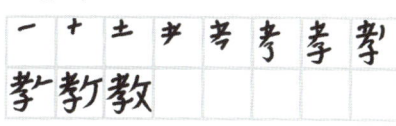

くん おし(える)
おん きょう
れい 教える to teach
　　 教室 classroom

Unit 4　45

36 今 now, present, this		4かく ノ 人 今 今
	The top three lines represent three people meeting together. There is a question about when the meeting will be held. Together, these radicals represent **now** or **this**.	くん いま おん こん、きん れい 今(いま) now 今日(きょう) today

37 勉 endeavour	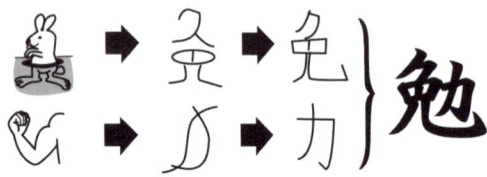	10かく ノ ク ア 五 五 角 争 免 免 勉
	This radical has two elements: a rabbit, its burrow and legs and the symbol for strength. Through one's **endeavours** or hard work, your life is saved.	くん おん べん、めん れい 勉強(べんきょう) study

38 強 strength	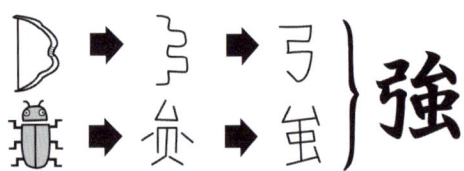	11かく ｱ コ 弓 弓 弘 弘 弘 弘 弹 強 強
	The bow represents physical **strength** while insects (such as mosquitos) signify persistency. Together, 強 and 勉 mean study – an activity needing mental and physical **strength** and persistence!	くん つよ(い)、し(いる) おん きょう、ごう れい 強(つよ)い strong 勉強(べんきょう) study

39 私 I, me, self, privacy	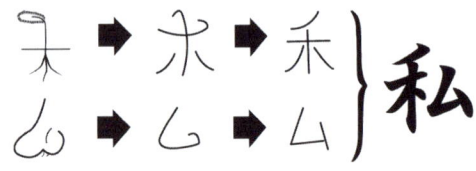	7かく ノ 二 千 千 禾 私 私
	Each person is given their *own* bowl of rice, symbolised by a rice stalk. This is then combined with the sketch of a nose to further emphasise **I**, **self** and **privacy**.	くん わたくし、わたし おん し れい 私(わたし) I, me

40 僕 I (boys), servant		14かく ノ イ イ イ′ イ″ イ‴ イ‴ イ‴ 伴 伴 伴 僕 僕
	It is easy to see how this kanji could mean 'I'. The first radical shows a person, and the second is a sketch of a male servant carrying things.	くん ぼく おん ぼく、ほく れい 僕(ぼく) I, me

Tsumiki 2

C1 覚えましょう
How was it?

By merging two sentence patterns, you are able to express the negative past tense of true adjectives as shown in this pattern.

12 Sentence pattern

Q	りんごは　どうでしたか。	How was the apple?
A1	おいしくなかったです。	It was not delicious.
A2	あまり　おいしくなかったです。	It was not very delicious.

 See how this pattern has evolved from what you already know.

True adjective:

おいしい（です）。	It **is** delicious.
おいし**かった**（です）。	It **was** delicious. (Sentence pattern 4)
おいし**くない**（です）。	It **is not** delicious.(Sentence pattern 9a)
おいし**くなかった**（です）。	It **was not** delicious. (Sentence pattern 12)

Because the 〜たい form of a verb is like an adjective, you can also now say that you didn't want to do something.

えいがを　見に　行きたくなかったです。　I **didn't want** to go to see a movie.
おみやげを　さがしたくなかったです。　I **didn't want** to look for souvenirs.

C2 練習しましょう

How were things yesterday?

1 きのうの　天気は　よかったです。

2 きのうは　さむかったです。

3 じゅぎょうは　おもしろくなかったです。

4 パーティーは　楽（たの）しくなかったです。

5 本は　大きくなかったです。

6 やさいと　くだものは　高くなかったです。

りんご	apple	くだもの	fruit	みかん	mandarin
やさい	vegetables	ぶどう	grape	バナナ	banana

Unit 4

D 覚えましょう

It was too ...

There are many things to consider when shopping. Price and size are particularly important. We often need to express the idea that something is too expensive or too small.

13 Sentence pattern

Q	マフィンは　どうでしたか。	How was the muffin?
A1	おいしかったですけど、大きすぎました。	It was delicious but too big.
A2	高すぎましたよ。	It was (far) too expensive.

1. The pattern 'it is too ...' is formed by adding the verb 〜すぎます to the *stem* of the true adjective. (The stem is the part before the final い.)

   高い（です）。　　　　　　　　　It **is** expensive.

   高すぎます。　　　　　　　　　　It **is too** expensive.

2. When よ is added to the end of a sentence it makes it more emphatic. Take care to use it appropriately – using it to your host parents, for instance, could make you sound very bossy and rude.

E1 日本語について

In Japanese, it is important to consider the status of other people and to be thoughtful of people's feelings. One way of demonstrating that you do appreciate the status and feelings of others is to use language appropriate to the situation. In polite speech, you use です at the end of certain sentences, for example, 高いです (It is expensive). To a shop assistant you would try to be even more careful. You might say ちょっと　高いです (It is a bit expensive). But to your friends you can simply say 高い or 高いよ. When you are writing diary entries, for example, it is appropriate to use this plain form because you are writing to yourself!

It is easy to express this plain form in the past tense. Simply change the endings as shown:

1. 〜かったです to 〜かった
   E.g. じゅぎょうは　おもしろかった。　　The lesson was interesting.

2. 〜でした to だった
   E.g. パーティーは　にぎやかだった。　　The party was lively.

3. 〜て form to た／だ (Group 1 verbs)
   E.g. がっこうに　行った。　　I went to school.
   　　　本を　よんだ。　　　　I read a book.

4. 〜ました to た (Group 2 verbs)
   E.g. ひるごはんを　食べた。　　I ate lunch.

Note: Verb groups will be discussed in detail in Unit 7.

今のくるま見た？

うん、かっこよかった。

E2 練習しましょう

What do these sentences mean? Observe the formality or informality of the language used.

1. Kenji says to Hassan's mother when they are shopping for clothes:
   ざんねんですが、小さすぎますね。

2. Kenji says to Hassan's parents after dinner:
   ごちそうさまでした。おいしかったです。

3. Kenji says to his Japanese friends:
   きのう 僕は ハッサンくんの かぞくと レストランで ばんごはんを 食べた。おいしかった。
   でも、食べ物が 多すぎた。

4. Hassan and Kenji are looking at a warning sign at the beach:
   けんじくん、あぶないよ。

5. Mana and Emily are looking at dresses in a shop:
   わあ、エミリーさん、見て。きれいね。

6. Mana thanks Emily for taking her out for the day:
   今日は 楽しかったよ。どうも ありがとう。

7. Mana and Emily are looking at a very expensive necklace:
   ざんねんですね。ちょっと 高すぎますね。

8. Mana and Emily are walking out of a cafe:
   マフィンを 食べたかった。でも、大きすぎたね。

9. A Japanese boy is writing in his diary:
   えいがは よかった。おもしろかったが、ながすぎた。

10. Emily says to Mana as they finish eating:
    あまり おいしくなかったね。

よめる？

ざんねんですが … It is unfortunate but …　　　多い many (adj.)

F1 覚えましょう
Comparisons

Here are another two very easily constructed patterns that are useful when making comparisons. You have already used the first one in Unit 2, Sentence pattern 6c.

14 Sentence pattern

日本の マフィンは もっと 小さいです。　In Japan, muffins are smaller.

説明 This pattern is used when comparing *two* things. In this example, the size of Japanese muffins is being compared with muffins from somewhere else.

15 Sentence pattern

オーストラリアの シェークの Mサイズは 日本の Lサイズと おなじくらいです。
The Australian M size is about the same as the Japanese L size.

説明 Notice the use of the meaning markers は and と in this pattern!

 ## 練習しましょう

Do you agree or disagree with these statements?

1 さしみの ねだんは すしの ねだんと おなじくらいです。

2 おさけは からだに わるいですが、タバコは もっと わるいです。

3 日本では おにぎりの ねだんと ハンバーガーの ねだんは おなじくらいです。

4 日本の Tシャツの Mサイズは オーストラリアの Tシャツの Sサイズと おなじくらいです。

5 えいごの テストは むずかしいですが すうがくの テストは もっと むずかしいです。

6 オーストラリアに ひつじは 多いですが ニュージーランドに ひつじは もっと 多いです。

 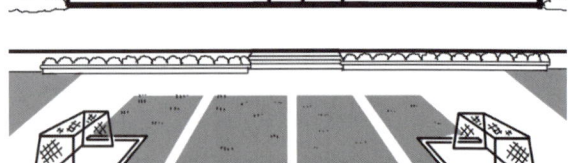

7 日本で しんしつは もっと せまいです。

8 私の がっこうの グランドは もっと ひろいです。

さけ	alcohol	せまい	narrow, small (adj.)
わるい	bad (adj.)	グランド	ground
タバコ	tobacco	ひろい	spacious, wide (adj.)
おにぎり	rice ball		

Tsumiki 2

G1 覚えましょう
'both ... and ...'

 In ***Tsumiki 1*** you learnt how to use the meaning marker も (also). In the next pattern, も is used after each item to express 'both ... and ...'.

16 Sentence pattern

日本の　マフィンも　シェークも　小さいです。　Both muffins and shakes are small in Japan.

G2 練習しましょう

Look at the different ways that も can be used. What does each of these sentences mean?

1　エミリーさんも　たえさんも　えい語を　勉強(べんきょう)しています。
2　やすみちゅう　パリも　ロンドンも　行きたかったです。
3　私(わたし)も　おみやげを　さがしたいです。
4　お母さんも　お父さんも　すしが　好きです。
5　たいも　まぐろも　大好きです。
6　お母さんは　すしも　サンドウィッチも　つくります。

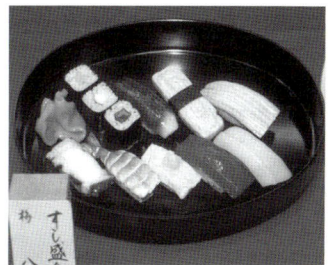
すし

 つくります　　　I/You make

H1 覚えましょう
What is this called?

 When Emily and Mana went to かいてんずし (sushi train), Emily needed to ask Mana lots of questions about the different types of fish that were being served. In A2 of this unit, Emily used the next pattern, which is a more natural version of 「さしみ」は　えい語で　何ですか。 (Sentence pattern 26, p. 110 ***Tsumiki 1***).

17 Sentence pattern

Q　日本語で　何と　いいますか。
　　What is it called in Japanese?

A1　たこです。
　　Octopus.

A2　たこと　いいます。
　　It's called an octopus.

H2 日本語について

An increasingly popular form of Japanese cuisine is かいてんずし, sushi restaurants with rotating counters. The sushi comes in a variety of forms, the most common being sliced raw fish on a finger of vinegared rice and flavoured with わさび (horse radish). There are also conical-shaped sushi wrapped in のり (seaweed). These are called てまき (hand-rolled) or のりまき (seaweed rolls). The other type, very common in takeaway sushi restaurants outside Japan, is まきずし (rolled sushi), which is a cylindrical variety served in slices showing the contents. いなりずし is another type of sushi, in which rice is stuffed into a pocket of deep-fried とうふ (tofu). It helps enjoy the meal if you know some of the varieties of fish available. The fresher the fish, the tastier it is.

H3 練習しましょう

Study the sketches of various fish from which sushi are made. For each variety of fish, write out the question 「日本語で　何と　いいますか」 and write the answer to your question. Make sure that you also know the English equivalent.

1. まぐろ　tuna 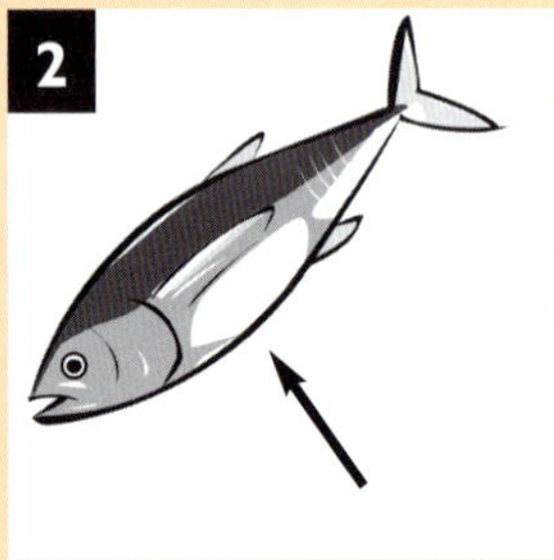
2. とろ　best tuna (belly) 
3. たい　sea bream 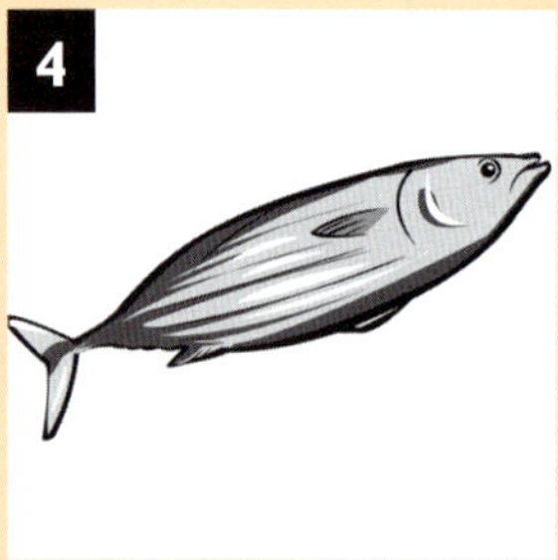
4. かつお　bonito 
5. えび　prawn 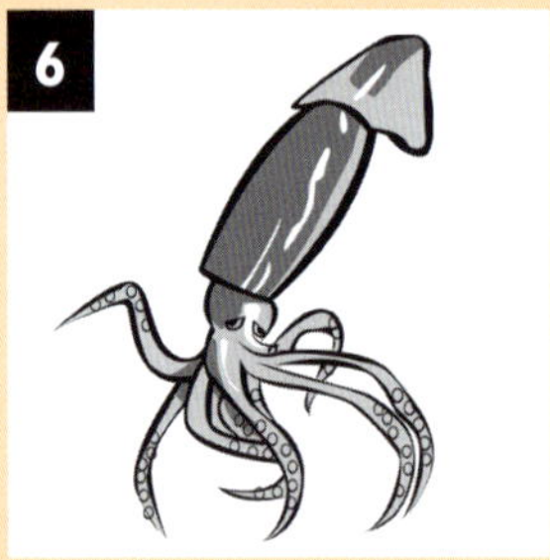
6. いか　squid, cuttlefish 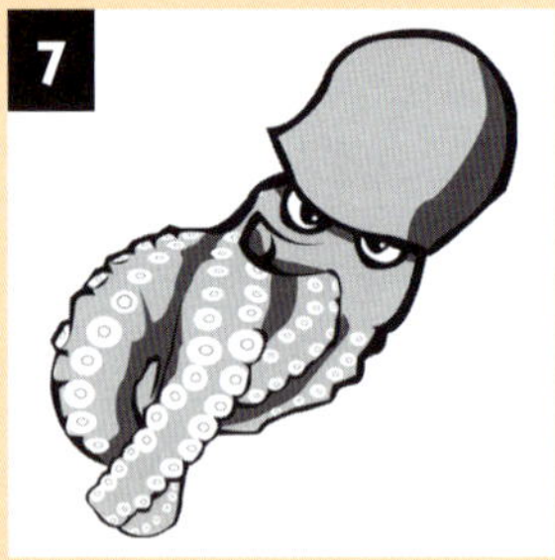
7. たこ　octopus 
8. うに　sea urchin 
9. サーモン　salmon 
10. たまご　egg 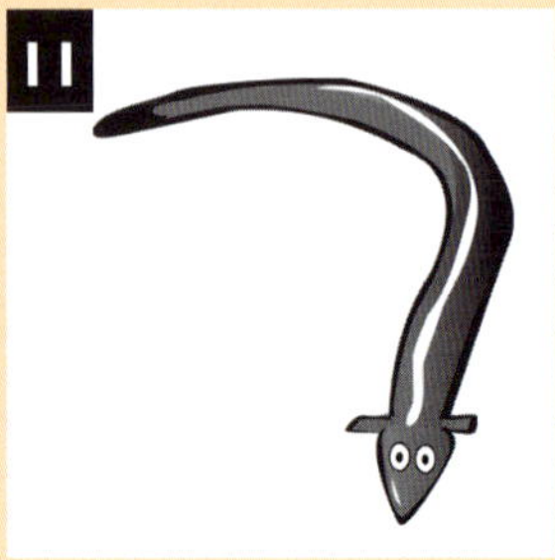
11. あなご　eel 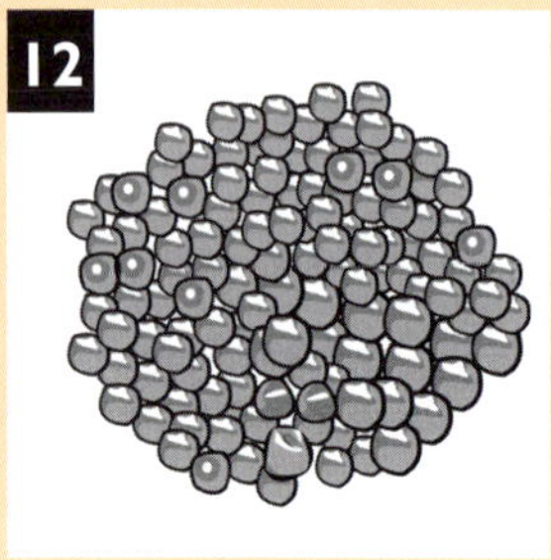
12. いくら　salmon roe

I1 覚えましょう
Counters

Sushi is normally served on a plate with two pieces. If you want to talk about the number of items and the price, use the next pattern.

I8 Sentence pattern

日本では　二つ　1,000円です。　　　In Japan it is ¥1 000 for two.

 Note: で marks the place of the action.

The traditional Japanese counting system is used to count many different types of food and objects. See below:

いくつですか　How many?

| One | 一つ | Three | 三つ | Five | 五つ | Seven | 七つ | Nine | 九つ |
| Two | 二つ | Four | 四つ | Six | 六つ | Eight | 八つ | Ten | 十 |

 This counting system is used in the same way as others you have learnt. For example:

a　まぐろを　二つ　ください。
b　もう　一つ　ください。
c　ハンバーガーを　三つ　買いたいです。
d　ビッグマックを　二つ、チーズバーガーを　一つ、ホットアップルパイを　三つ　ください。

I2 練習しましょう

Can you work out what these customers at the sushi restaurant are saying?

1　すみませんが、まぐろを　二つ、サーモンを　二つ　ください。
2　すみませんが、たまごは　もう　一つ　ありますか。
3　すみませんが、これは　何と　いいますか。たいですか。
4　すみませんが、まぐろを　四つ　ください。わさびが　好きじゃないですから、わさび　なしにしてください。
5　おすすめは　何ですか。きょうの　たいは　あたらしいですか。
6　すみませんが、みそしるを　二つ　ください。
7　デザートは　ありますか。メニューを　ください。
8　ごちそうさまでした。おいしかったです。

| わさび | wasabi (horseradish) | おすすめ | recommendation |
| … なしにして | without … | | |

Unit 4

J べんりなことば

Dining out provides another opportunity to use a range of very useful expressions. Easy to say and frequently used, these expressions encourage good communication and friendship.

1. おなかが すきました。
   I'm hungry.
   僕(ぼく)も。
   Me, too.

2. のどが かわきましたか。
   Are you thirsty?
   ええ、かわきました。
   Yes.

3. なっとうは からだに いいです。
   Nato is really good for you.
   そうですか。でも 食べたくないです。
   Is that so? But I don't want to eat it.

4. 食べてみたいですか。
   Do you want to try it?
   いいえ、食べたくないです。
   No, I don't want to try it.
   どうぞ。食べてみてください。
   Please (help yourself). Try it.
   じゃ、食べてみます。
   Okay, I'll try it.

5. どうぞ。
   Please (help yourself).
   いいえ、けっこうです。ハンバーガーは からだに よくないです。
   No, thank you. Hamburgers are bad for you.

6. このくりは すごく おいしいです。どうぞ。
   These chestnuts are really nice. Please (help yourself).
   においが いいです。おいしそうです。
   They smell good. They look delicious.
   食べてみませんか。
   Would you like to try some?

けっこう	No thank you, (I'm) fine	
このくり	these chestnuts	

54 Tsumiki 2

K 伝えましょう

Emily and Katie sent each other an email about a bad experience they had yesterday. What happened? While you are reading these emails, you will come across several sentence patterns that you haven't yet learnt. See if you can work them out.

メール

ケイティさん
今 何を していますか。わたしは 日本語を 勉強しています。きょう じゅぎょうの あとで おなかが すきましたね。私は パイを 食べたかったです。シェークを のみたかったです。だから ケイティさんと きれいなカフェへ 行きました。あたらしいカフェでしたね。私は ミートパイを 食べましたけど、すごく まずかったです。びっくりしました。ケイティさんは フィッシュ・アンド・チップスを 食べましたね。私も ケイティの フィッシュ・アンド・チップスを 食べてみましたけど、ぜんぜん おいしくなかったです。とても おいしそうでした。安くなかったです。でも、ミートパイも フィッシュ・アンド・チップスも ぜんぜん だめでした。
ショック!!
エミリー

メール

エミリーさん
メール、ありがとう。
私は 今日 うちで すうがくを 勉強しました。むずかしかったです。きのう いっしょに カフェへ 行きましたね。カフェは きれいでしたけど、ミートパイも フィッシュ・アンド・チップスも ひどかったですね。私のフィッシュ・アンド・チップスは とても まずかったです。私も エミリーさんの ミートパイを 食べてみましたけど、まずかったです。そして、においも へんでした。チョコシェークも おいしくなかったです。てんいんも しんせつじゃなかったです。あのカフェは だめです。ぜんぜん よくなかったです。あした うちで いっしょに チョコシェークを つくりましょう。
ケイティ

だから	therefore	あのカフェ	that cafe (where we went yesterday)
びっくりしました	I was surprised		
ぜんぜん だめでした	It was really bad (adj.)	だめ	in vain, useless, won't do (used to express disapproval)
ひどい	terrible, dreadful (adj.)		

つみき新聞　若者について

コンビニ（コンビニエンス・ストア）

日本の がくせいは よく じゅぎょうと じゅくの あとで、コンビニへ 行きます。コンビニには おべんとう、おかし、ハンバーガー、サンドウィッチ、アイスクリーム、のみ物、ざっしなどが あります。とくに おべんとうは いろいろ あります。おにぎり、サラダ、スパゲッティ、そばも あります。なつは ソフトクリーム、ふゆは おでん、あんまん、にくまん、ピザまん、カレーまんなどの 食べ物は 人気が あります。テストの きかいも あります。一まい 十円です。コピーの きかいの 前に ノートを コピーします。だから コンビニは とても べんりです。がくせいたちは ともだちと よく コンビニを りようします。

あんまん	bean dumpling	ソフトクリーム	soft ice-cream
一まい	one sheet of paper	とくに	especially
おでん	Japanese-style stew	なつ	summer
がくせいたち	students	にくまん	meat dumpling
きかい	machine	人気が あります	popular
カレーまん	curry dumpling	ピザまん	pizza dumpling
コピーします	I/You photocopy	ふゆ	winter
コピーの きかい	photocopier	りようします	I/You use

L2 What else can you find out about the sushi bar from this report?

つみき新聞　日本について

かいてんずしの みせ

今 日本で かいてんずしは 人気が あります。すしが とても 安いです。だから、土よう日と 日よう日は ひるも よるも こんでいます。こどもも お父さんも お母さんも おじいさんも おばあさんも みんなで かいてんずしの みせへ 食べに 行きます。さらの うえに すしが 二つ あります。さらの うえの すしも、二つ 四百円の すしも あります。まぐろ、あなご、サーモン、いくらは 人気が あります。デザートや サラダも あります。みそしるや てんぷらも ありますが、ベルトコンベアーの うえに ありません。てんいんに ちゅうもんします。食じの あとで てんいんは さらを 見て けいさんします。そして、ねだんを いいます。

いいます	I/You say	ちゅうもんします	I/You order
けいさんします	I/You count	ベルトコンベアーの うえに	on the conveyor belt
こども	children		
こんでいます	crowded	見て けいさんします	I/You look and count
食じ	meal		

L3 日本語について

みじかくしたことば
パート１

ひらがなの　ことばも　カタカナの　ことばも　みじかくします。

みじかくしたことば	ことば
コンビニ	コンビニエンス・ストア
マック／*マクド（おおさか）	マクドナルド
アニメ	アニメーション
スーパー	スーパーマーケット
シーエム／CM	コマーシャル
けいたい	けいたいでんわ
たまごどん	たまごどんぶり

Can you work out what the words in this article mean?

M チェックしましょう

つぎの　しつもんに　こたえてください。
1　ハンバーガーは　からだに　いいですか。
2　これは　日本語で　何と　いいますか。

3　うにを　食べて　みたいですか。
4　たい　二つ、まぐろ　三つ、たまご　一つは　いくらですか。

  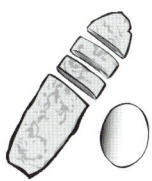

5　オーストラリアの　オレンジジュースの　Mサイズは　日本の　Lサイズと
　　おなじくらいですか。
6　How do you say that:
　　a　you are thirsty
　　b　you are hungry
　　c　you'd like to try some sashimi
　　d　hamburgers are bad for you
　　e　you are surprised (at something happening)

5 日帰り旅行
ひがえりりょこう
A day trip

Outcomes
By the end of this unit you will be able to:
- locate places on a map
- describe where things are
- describe people, places and things

A1 話しましょう

 Michael, another one of Andrew's classmates, is hosting one of the Japanese boys and is taking him to a theme park for the day.

入り口	entrance	のります	I/You ride
うわあ	Wow!	見えます	I/You can see
さあ	come on	えっと	umm
ちず	map	あんないじょ	information booth, desk
よこ	side	あるきます	I/You walk
ぜんぶ	all of them	まん中	middle

Tsumiki 2

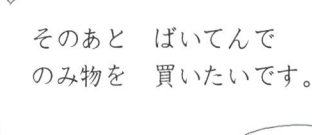

右	right	とおい	far (adj.)
うしろ	behind	ちかくに	nearby (adv.)
となり	next, neighbouring	まず	firstly, first of all
ばいてん	stand, stall	はれじゃなかった	It was not fine
左	left		

A₂ 話しましょう

Kylie, one of Mariana's classmates, is hosting Yuki. Together, they are spending the day at Kelly Tarlton's Underwater World.

カイリー:	ゆきさん、何を 見たいですか。
ゆき:	ペンギンを 見たいです。
カイリー:	ペンギンは Antarctic Encounterに います。
shark	さかなや **さめ**は？
ゆき:	さめ？こわいですね。でも、見たいです。
カイリー:	じゃあ、あとで Underwater Worldへ 行きましょう。すいぞくかんに トンネルが あります。トンネルから さかなや さめなどが 見えます。
ゆき:	うわあ、おもしろそうですね。

カイリー:	ゆきさん、Snow Catに のりましょう。
ゆき:	Snow Cat?
カイリー:	はい、あれです。ペンギンを 見に 行きます。
ゆき:	うわあ、かわいい！

カイリー:	これが トンネルです。さめの トンネルと さかなの トンネルが あります。
ゆき:	ちょっと まってください。トイレは どこに ありますか。
カイリー:	トイレは … トンネルの 入（い）り口（ぐち）の 右（みぎ）です。
I'll be back soon ゆき:	**ちょっと 行ってきます。**
I am/You are waiting カイリー:	じゃあ、入（い）り口（ぐち）で **まっています**。

ゆき:	さかなが きれいでしたね。
カイリー:	さめは どうでしたか。
ゆき:	大きかったです。だから、こわかったです。
something カイリー:	**何か** のみましょうか。
ゆき:	そうですね。

カイリー:	楽しかったですか。
very ゆき:	はい、**とっても**。ペンギンが すごく かわいかったですけど、
fairy penguin	**フェアリーペンギン**じゃなかったです。
カイリー:	え？フェアリーペンギンも いましたよ。
ゆき:	え？私は 見ませんでした。
Shall we return カイリー:	じゃ、Antarctic Encounterに **もどりましょうか**。
ゆき:	いいえ。今、四時半です。おみやげを 買いたいです。
カイリー:	じゃ、おみやげを 買いに 行きましょう。ばいてんは 入（い）り口（ぐち）の そばに あります。

B 漢字を 書きましょう

41 左 left

When you build something, the **left** hand always helps the right by holding tools such as a carpenter's square.

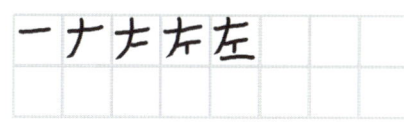

5 かく

- くん　ひだり
- おん　さ
- れい　左 (ひだり) left

42 右 right

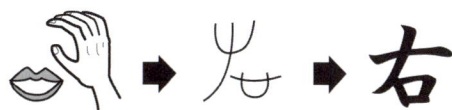

Because it is common to put food into the mouth with the **right** hand, the kanji for **right** is shown as a sketch of a mouth and a **right** hand.

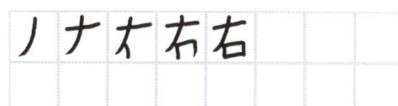

5 かく

- くん　みぎ
- おん　ゆう
- れい　右 (みぎ) right

43 女 woman

A **woman** sits with her hands in front of her.

3 かく

- くん　おんな、め
- おん　じょ、にょ、にょう
- れい　女 (おんな) の人 (ひと) woman
　　　女 (おんな) の子 (こ) girl

44 男 man

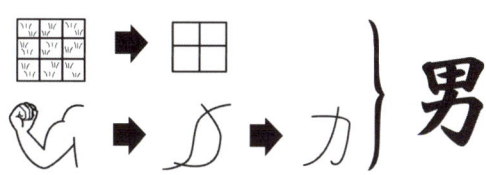

The top radical shows a paddy field. The lower one represents strength. The two radicals combined illustrate that **men** use their strength when cultivating the fields.

7 かく

- くん　おとこ
- おん　だん、なん
- れい　男 (おとこ) の人 (ひと) man
　　　男 (おとこ) の子 (こ) boy

45 子 child

A **child** stands with outstretched arms.

3 かく

- くん　こ
- おん　し、す
- れい　男 (おとこ) の子 (こ) boy
　　　女 (おんな) の子 (こ) girl

Unit 5　61

46 入
entrance

The river is **entering** the sea.

2 かく

くん　い(る)、い(れる)、
　　　はい(る)
おん　にゅう
れい　入口 entrance, 入る to enter

47 口
mouth

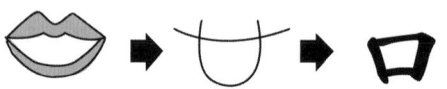

It is easy to see how the kanji for '**mouth**' evolved.

3 かく

くん　くち
おん　こう、く
れい　口 mouth
　　　入口 entrance, 出口 exit

48 出
leave

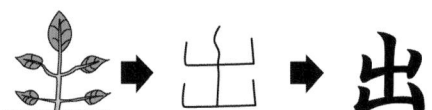

A plant shoots up from the ground; it **comes out** of the soil (**leaves** the soil).

5 かく

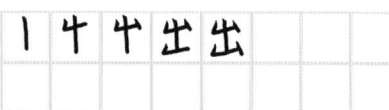

くん　で(る)　だ(す)
おん　しゅつ、すい
れい　出口 exit, 出る to leave
　　　出す to send, to take out

49 中
middle

A top has to be perfectly balanced, with a piece of wood running through the **middle** of it in order to spin properly.

4 かく

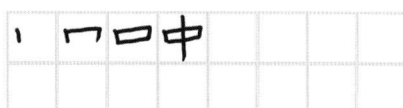

くん　なか
おん　ちゅう
れい　中 middle
　　　休み中 during the holidays

50 来
come

The **coming** of each season represents something significant to the farmer.

7 かく

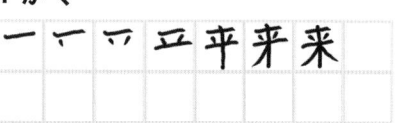

くん　く(る)、きた(る)
おん　らい
れい　来る to come
　　　来年 next year

Tsumiki 2

C1 覚えましょう
は and が

 Throughout the two dialogues, you would have observed the use of が instead of は or を in various places. Generally, Japanese use が to mark the *subject* of a sentence, that is, when something is being talked about for the first time. When the subject is presented as a topic (i.e. after the subject has already been introduced) or when you want to contrast two items, は is used. を is used to mark the *object*. Sometimes, your choice of が, は or を will depend on the context, or on a slight variation in meaning that you might want to get across. For example, look at how these sentences vary slightly in meaning:

が (emphasis)

Q	何を　見たいですか。	What do you **want to look at**? (Emphasis is on the action of *looking*.)
Q	何が　見たいですか。	**What** do you want to look at? (Emphasis is on *what*.)
A	ペンギンを　見たいです。	I **want to look at** a penguin.
A	ペンギンが　見たいです。	I want to look at **a penguin**.

が (subject)

Q	何（どれ）が　トンネルですか。	**What** is a tunnel?
A	これが　トンネルです。	**This** is a tunnel.
Q	何（どれ）が　きれいでしたか。	**What** was beautiful?
A	さかなが　きれいでした。	**The fish** was beautiful.

は (topic)

Q	これは　何ですか。	What is **this**?
A	（これは）　トンネルです。	**This** is a tunnel.
Q	さかなは　きれいでしたか。	Was **the fish** beautiful?
A	はい、（さかなは）きれいでした。	Yes, **the fish** was beautiful.

は (emphasis)

Q	あれは　トンネルですか。	Is **that** a tunnel?
A	いいえ、これは　トンネルですが、あれは　トンネルじゃないです。	No, **this** is a tunnel, but **that** is not a tunnel.
Q	さかなは (Topic) きれいでしたか。	Was **the fish** beautiful?
A	いいえ、ペンギンは　きれいでしたが、さかなは　きれいじゃなかったです。	No, **the penguin** was beautiful, but **the fish** was not beautiful.

Note: It is often best to remember to use particular meaning markers with particular words. For example:

りかが　好きです。	**I like** science.
りかは　好きじゃないです。	**I don't like** science.
さめが　見えます。	**I can** see sharks.
どれ（何)が　いいですか。	**Which (what)** is good?

C2 練習しましょう

Can you work out the more appropriate meaning marker for the following questions and answers? How does the alternative choice change the meaning?

1. 何が／は　おもしろいですか。
   Shark Attackが／は　おもしろいですね。

2. Opal Mineは　おもしろいですか。
   Wave Rideは／が　おもしろいですが、
   Opal Mineは／が　おもしろくないです。

3. だれが　きれいですか。
   ゆきこさんが／は　きれいですね。

4. 何が　見たいですか。
   ペンギンを／が　見たいです。

5. だれが　きょうしつに　いますか。
   けんすけくんと　マリアナさんは／が　います。

6. 何が　好きですか。
   すうがくは／が　好きです。

は or が？

D1 覚えましょう

I can see ... I can hear ...

When describing what you **can** do, see or hear, meaning marker が is used instead of を.

19a Sentence pattern

Q	何が　見えますか。	What can you see?
A1	何も　見えません。	I can't see anything.
A2	さめが　見えます。	I can see sharks.

19b Sentence pattern

Q1	とりの　こえが　聞こえますか。	Can you hear the bird?
A1	はい、聞こえます。	Yes, I can.
Q2	サイレンの　おとが　聞こえましたか。	Could you hear the siren?
A2	いいえ、聞こえませんでした。せいじかの　話だけ　聞こえました。 No, I couldn't. I could only hear the politician's speech (talk).	

こえ	voice		せいじか	politician
聞こえます	I/You can hear		話	talk, conversation, speech
おと	noise		だけ	only

Tsumiki 2

D₂ 練習しましょう

What can you see or hear in each of the following scenes?

1 ひこうきが 見えます。

2 イルカが 見えます。

3 何も 見えません。

4 ぜんぜん 見えません。

5 しんかんせんの まどから ふじさんが 見えます。

6 いかや さめや まぐろなどが 見えます。

7 ねこの こえが 聞こえます。

8 ドアから うまの こえが 聞こえました。

9 アナウンサーの こえが 聞こえました。

| イルカ | dolphin | まど | window |

Unit 5

E1 覚えましょう
Where is ...?

When you want to be very precise in describing where someone or something is, you will find the next pattern very useful.

20a Sentence pattern

Q	トイレは どこに ありますか。	Where is the toilet?
A1	トイレは あんないじょの うしろに あります。	The toilet is behind the information booth.
A2	あんないじょの うしろです。	It's behind the information booth.
	女の人／男の人の トイレは あんないじょの うしろに あります。	The women's/men's toilet is behind the information booth.

20b Sentence pattern

Q	まいごは どこに いますか。	Where are the lost children?
A1	まいごは あんないじょの そばに います。	The lost children are beside the information booth.
A2	むこうに います。	They're over there.
A3	あんないじょの そばです。	They're beside the information booth.

20c Sentence pattern

a 入り口の ちかくに トイレが あります。
The toilets are near the entrance.

b Shark Attackの 前で ともだちが まっています。
My friends are waiting in front of Shark Attack.

 説明

Note the use of で as the meaning marker for the place of action.
You will also observe that が is generally used immediately before あります or います. It is also possible to contrast people and places by using は, as in the following examples:

A 入り口の ちかくには トイレが あります。(でも、インフォメーション センターの ちかくには ありません。)
The toilets are near the entrance. (But they are not near the information centre.)

B Shark Attackの 前では ともだちが まっています。(でも、Wave Rideの 前では お父さんと お母さんが まっています。)
My friends are waiting in front of Shark Attack. (But Mum and Dad are waiting in front of Wave Ride.)

Note: By using は you are showing contrast. However, it is not necessary to say the second half of the sentence (marked by parenthesis).

女の人／子	woman/girl		そば	next to, beside
男の人／子	man/boy		むこう	over there
まいご	lost children			

Tsumiki 2

E2 練習しましょう

Can you work out the meaning of each of the following dialogues?

どこに いますか。

1 今 入り口の そばで まっています。

2 あんないじょは どこに ありますか。
　テーマパークの まん中に あります。

3 さめは さかなの うしろで
　およいでいます。
　あぶないですか。
　ええ、そうですね。

4 ステージの うえに ミッキーと
　ミニーが いますか。
　いいえ、でも プルートが います。

5 Snow Catの 前で いもうとが
　まっています。

6 おじいさんの いえの ちかくに
　こうえんが あります。

7 ねこは どこに いますか。
　テーブルの したに います。
　何を していますか。
　ねずみを 食べています。
　ひどい！

| およいでいます | I am/You are swimming | いえ | house |
| うえ | on top of | した | underneath |

Unit 5　67

F1 覚えましょう

You can now say:

Using true (い) adjectives:

It is interesting.	おもしろいです。
It is not interesting.	おもしろくないです。
It was interesting.	おもしろかったです。
It was not interesting.	おもしろくなかったです。

おもしろかったです。

Using nouns:

It is sushi.	すしです。
It is not sushi.	すしじゃないです。
It was sushi.	すしでした。

Using quasi (な) adjectives:

She is kind.	しんせつです。
She is not kind.	しんせつじゃないです。
She was kind.	しんせつでした。

すしです。　　しんせつです。

 In order to say 'It was not sushi' or 'She was not kind', change 〜じゃないです to the negative past tense form, 〜じゃなかったです, as shown in the following patterns.

21a Sentence pattern

| Q | すしでしたか。 | Was it sushi? |
| A | いいえ、すしじゃなかったです。 | No, it was not sushi. |

21b Sentence pattern

Q	しんせつでしたか。	Was she kind?
A	いいえ、しんせつじゃなかったです。	No, she was not kind.
	しつれいでした。	She was rude.

F2 練習しましょう

What is Kensuke saying?

はれじゃなかったです。あめが　ふりました。

うにじゃなかったです。たこでした。

コーラじゃなかったです。レモネードでした。

F3 練習しましょう

Look at how you could use the pattern 〜じゃなかったです. Can you work out the meaning of these dialogues?

1. こうていペンギンでしたか。
   いいえ、こうていペンギンじゃなかったです。
   フェアリーペンギンでした。とても きれいでした。
2. はれでしたか。
   ざんねんですが、はれじゃなかったです。
   一日中 あめが ふりました。
3. さめは どうでしたか。
   大きかったです。こわかったです。好きじゃないです。
4. 一番 好きなのり物は 何でしたか。Opal Mine Rideでしたか。
   いいえ、Opal Mine Rideじゃなかったです。Shark Attackでした。
   Shark Attackは すごかったです。

| こうていペンギン | emperor penguin | あめが ふりました | It rained |
| 一日中 | all day long | のり物 | rides |

G1 伝えましょう

Yoko sends an email to Mariana. How much of the news and information can you understand?

```
メール

マリアナさん
元気ですか。
今日は おおさかの テーマパークを しょうかいします。 今 とても 人気が
あります。まい日 あさ9時から よる8時までです。アトラクションは
いろいろ あります。Bamboo Hunt、Ghost Mansion、Attack the Baddies、
Ninja Show、Millionaire、Palace in the Sea は 人気が あります。Ninja Showは
20ぷんの ショーです。パークの 中に レストランも あります。すし、うどん、そば、
ハンバーガー、サンドウィッチなどの みせが あります。入じょうりょうは 大人は
5,000円、中がくせいと 高こうせいは 3,500円、四才から 小がくせいまでは
2,000円です。ちょっと 高いですけど、とても 楽しいです。

ゆき
```

| しょうかいします | I/You introduce | 大人 | adult |
| 入じょうりょう | admission fee | | |

G2 伝えましょう

Yuki writes to her mother. What does she say about the animals at the theme park in Auckland?

お母さん

　元気ですか。私は　元気です。オークランドは　まい日　すずしいです。日本は　どうですか。

　きのう　ホストファミリーの　カイリーさんと　いっしょに　うみの　テーマパークへ　行って来ました。オークランドの　ちかくに　ありました。

　テーマパークの　中に　Kelly Tarlton's Antarctic Encounterと　Underwater Worldが　ありました。とても　大きかったです。

　Antarctic Encounterで　カイリーさんと　私は　Snow Catから　ペンギンを　見ました。だから、ペンギンは　ゆきと　こおりの　うえに　いましたけど、私たちは　さむくなかったです。ペンギンは　すごく　かわいかったです。でも、フェアリーペンギンじゃなかったです。こうていペンギンでした。

　そのあと　Underwater Worldへ　行きました。Underwater Worldには　トンネルが　ありました。そして、トンネルの　中で　さかなと　さめを　見ました。さかなが　きれいでした。だから、さかなの　しゃしんを　とりました。とても　楽しかったです。

　また　てがみを　書きます。

　　　　　　　　　　　　　　　　ゆき

こおり　　ice

G3 伝えましょう

Sho emails Michiko, his younger sister. What has been the highlight of Sho's trip so far? Why is he apologetic to Michiko?

みちこ

今日は あまり いい天気じゃなかったけど、マイケルくんと シドニーの テーマパークへ 行って来ました。楽しかったです！ごぜん10時から ごご6時まで あそびました。テーマパークは とても こんでいました。だから、アトラクションの 前で 30ぷんくらい まちました。僕たちは いろいろなアトラクションに のりました。

僕は Shark Attackが 一番 おもしろかったです。だから 二かい のりました。でも、マイケルくんは 二かい のりませんでした。

ばいてんで ミートパイと オレンジジュースを 買いました。ミートパイを はじめて 食べました。おいしかったです。

みちこに おみやげを 買いたかったですけど、買いませんでした。ごめんね。テーマパークの おみやげは よくなったです。でも、日よう日に シティへ 買いに 行きます。

じゃ、また。

しょう

ごぜん	in the morning	二かい	twice
あそびました	I/You played	はじめて	for the first time
僕たち	we	ごめんね	I'm sorry

H べんりなことば

ちょっと 行って来ます。

ええ、ここで まっています。

I'm just going (somewhere) for a minute and I'll be back.

Yeah, I'll wait here.

説明 ちょっと 行って来ます is a useful expression when you want to politely tell someone that you are going somewhere (such as the toilet), you don't wish to give the details of where you are going, but you'll be back shortly.

若者について

はなびたいかい

7月と 8月の よる はなびたいかいが よく あります。
今 日本人の 若者は きものを きませんが、はなびたいかいには ゆかた（なつの きもの）を きて行きます。でも、男の子（おとこのこ）は きません。

| はなびたいかい | firework show | … を きません | I/You don't wear … |

つみき新聞

日本について

テーマパーク

日本には テーマパークや ゆうえんちが 多いですが、とうきょうと おおさかに ゆうめいな テーマパークが あります。土よう日、日よう日、なつやすみ、ふゆやすみは とても こんでいます。中がくせいや こうこうせいが しゅうがくりょこうに 行きます。

のり物は ジェットコースターが 人気が あります。ジェットコースターの 前に ながいれつが あります。よく 一時かんくらい まちます。

テーマパークに キャラクターグッズの おみやげが あります。食べ物、ようふく、おさら、コップ、シャープペン、ぬいぐるみなどです。

日本の でんとうぶんかの テーマパークも あります。「えどじだい」や「にんじゃ」の テーマパークです。「日本ざる」の テーマパークには ふるい 日本の いえが あります。そして「ぶし」の いえが います。

「ぶし」も 女の人も「きもの」を きています。「えどじだい」の 日本人の せいかつが わかります。「えどじだい」の テーマパークには 「にんじゃやしき」が あります。「にんじゃ」も いますが、ほんとうの「にんじゃ」じゃないです。「にんじゃの いしょう」を きています。

「日本ざる」の テーマパークも 人気が あります。むかしから 日本人は さると いっしょに 「さるまわし」を しました。今は さるが ステージで ショーを します。さるは 「さるの がっこう」です。さるは とても あたまが いいです。

あたまが いい	intelligent	ながいれつ	long queue
いしょう	costume	日本ざる	Japanese monkeys
えどじだい	Edo Period	にんじゃ	ninja
おさら	plates	にんじゃやしき	ninja house
キャラクターグッズ	character goods	ぬいぐるみ	soft toys
さる	monkey	ぶし	samurai warrior
さるまわし	monkey show	ゆうえんち	theme park
でんとうぶんか	traditional culture	ようふく	clothes

Tsumiki 2

日本語について

Even though many shortened words are derived from English, they are often hard to recognise. It is useful to know the original word in some cases. Can you work out any of these shortened words?

みじかくしたことば パート2

エアコン	エア・コンディショナー	プリクラ	プリント・クラブ
エレキギター	エレクトリック・ギター	メルアド	メール・アドレス
ゲーセン	ゲーム・センター	メルマガ	メール・マガジン
デジカメ	デジタル・カメラ	リモコン	リモート・コントローラー
パソコン	パーソナル・コンピュータ		
ファミレス	ファミリー・レストラン	てんどん	てんぷらどんぶり

チェックしましょう

つぎの しつもんに こたえてください。

1 何が 見えますか。

2 何を 見たいですか。

3 a トイレは どこですか。
  b まいごは どこに いますか。
  c こうえんは いえの ちかくに ありますか。

4 あさ、何時に うちを 出ますか。

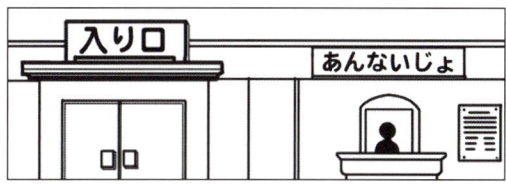

5 あんないじょは 入り口のそばに ありますか。

6 トイレは 右に ありますか。

8 となりの 人の 名前は 何ですか。

7 じゅぎょうは おもしろそうですか。

6 おみやげ
Souvenirs

Outcomes
By the end of this unit you will be able to:
- talk about what you need and want
- appreciate the cultural significance of colours
- describe objects using colours
- use descriptive language more effectively

A1　話しましょう

Typical of most young tourists, Akiko would like to go shopping for clothes. Her host, Jane, is keen to take her.

ほしい	want, wish, like *(adj.)*	入ります	I/You (will) enter
…を 知っていますか	Do you know …?	青い	blue *(adj.)*
色	colour	すくない	a few, little *(adj.)*
モール	mall	はで（な）	showy, bright, colourful
人気が あります	popular		

74　Tsumiki 2

茶色	brown (noun)	にあいます	It suits you
ほんとう	real, true, genuine	き色	yellow (noun)
じみ（な）	simple, plain	白	white (noun)
きてみます	I/You try on (and see what it's like)	ピンク	pink (noun)

Unit 6

 にじ　　rainbow

A₂ 話しましょう

Takeshi, who is being hosted by Luke, wants to go shopping for souvenirs while he is in Sydney.

たけし： ルークくん、オーストラリアのおみやげを 買いたいですけど、いい店を 知っていますか。

ルーク： うーん、よく わかりませんけど、シティーに おみやげの店が いろいろ ありますよ。
いっしょに 買いに 行きましょう。

たけし： ありがとう。

ルーク： たけしくん、どんな おみやげを 買いたいですか。

たけし： うーん、Tシャツや コアラのぬいぐるみを 買いたいです。
食べ物のおみやげは 何が ゆうめいですか。

ルーク： そうですね。ビーフジャーキーや ベジマイトなどが ゆうめいです。

たけし： ベジマイトは ちょっと…。

ルーク： この店は Tシャツが ゆうめいです。
入りましょう。Tシャツが いろいろ ありますよ。

たけし： うわあ、すごい。

ルーク： どんな Tシャツが ほしいですか。

1 black (adj.)   たけし： **黒い**[1]Tシャツ。

ルーク： これは どうですか。かっこいいですよ。

たけし： ほんとうですね。でも、これも かっこいいです。

2 for …   ルーク： それを **だれに**[2] 買いますか。

たけし： おとうとに。それは 僕に。

ルーク： サイズは だいじょうぶですか。

たけし： これは ちょっと 大きいですね。
Sサイズは ありますか。

ルーク： えっと、これは どうですか。

3 I'll have that   たけし： あ、小さいですね。**それに します**[3]。

たけし： それから、コアラのぬいぐるみが ほしいです。

4 Let's have a look   ルーク： この店を **見てみましょう**[4]。ぬいぐるみが ありますよ。
大きいコアラが いいですか。

5 one of each   たけし： 大きいコアラと 小さいコアラが **一つずつ**[5] **いります**[6]。

6 I/You need, require, want   ルーク： **それから**[7]？

7 and then   たけし： ビーフジャーキー。

ルーク： たけしくん、ビーフジャーキーは ありませんね。ほかの店へ 行きましょう。

たけし： じゃあ、コアラだけ 買います。

B 漢字を 書きましょう

51 色 colour

The kanji for 'colour' comes from a sketch of a peeping Tom looking down from the roof through a window, getting a full-*colour* view of everything.

6 かく

ノ	ク	⺈	夕	刍	色

くん　いろ
おん　しょく
れい　色 colour
　　　茶色 brown

52 赤 red

If a person stood on a fire he would certainly get *red* feet.

7 かく

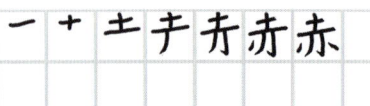

くん　あか、あか(い)
おん　せき、しゃく
れい　赤い red
　　　赤ちゃん baby

53 白 white

This kanji comes from the sketch of a grain of rice, which is *white*.

5 かく

ノ	⺀	冂	白	白	

くん　しろ、しら、しろ(い)
おん　はく、びゃく
れい　白い white

54 黒 black

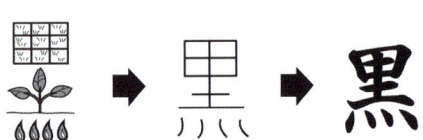

This kanji consists of three radicals: (1) the paddy field, (2) the crops and earth and (3) fire. The ground is *black* after fire has burnt out the crop.

11 かく

⺈	冂	日	日	甲	甲	里
里	黒	黒				

くん　くろ、くろ(い)
おん　こく
れい　黒い black

55 青 blue, green

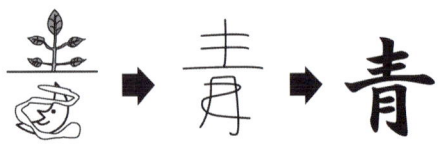

As each evening's *blue* moon passes (indicating the passing of another day) plants everywhere have grown a few more *green* leaves.

8 かく

くん　あお、あお(い)
おん　せい、しょう
れい　青い blue, green

56 茶 brown

The kanji for tea or **brown** comes from a sketch of the plants from which it is made.

9 かく

くん
おん　ちゃ、さ
れい　茶色 brown
　　　お茶 tea

57 覚 remember, awake, sense

The radical at the top shows a school building, while the bottom one shows the character 見, to see. We **remember** the things that we see and the things that we learn in school.

12 かく

くん　おぼ（える）
おん　かく
れい　覚える to remember

58 店 shop

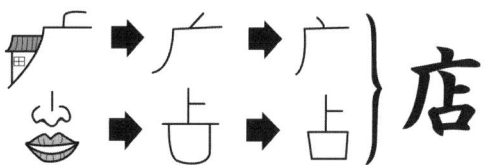

This kanji comes from a sketch of a roof over a **shop**. People, represented by the nose and mouth, are inside.

8 かく

くん　みせ
おん　てん
れい　店 shop
　　　店員 shop assistant

59 新 new

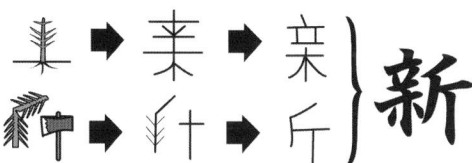

New branches grow in spring after the tree has been pruned with an axe.

13 かく

くん　あたらし（い）、にい
おん　しん
れい　新しい new
　　　新聞 newspaper

60 知 know

To say what you **know** is to be direct. Hence, this kanji consists of an arrow and a mouth.

8 かく

くん　し（る）
おん　ち
れい　知る to know
　　　知らせる to inform

C1 覚えましょう

Expressions using colours, the way they are worn and the traditional significance of colours reveal much about Japanese culture. Colour words often reflect the changing nature of the Japanese language and the association of certain colours with particular animals or flowers. The first important fact about Japanese colours is to know whether you are using a noun or an adjective. (In English, colours are adjectives.)

色

Adjectives	Nouns	Meanings	Nouns	Meanings
赤い(あか)	赤(あか)	red	ベージュ	beige
白い(しろ)	白(しろ)	white	オレンジ	orange
青い(あお)	青(あお)	blue	**Other colours**	
黒い(くろ)	黒(くろ)	black	だいだい（色(いろ))	orange
き色い(いろ)	き色(いろ)	yellow	水色(みずいろ)	light blue (colour of water)
茶色い(ちゃいろ)	茶色(ちゃいろ)	brown	はい色(いろ)	grey (ash colour)
	こん色(いろ)	navy blue	ねずみ色(いろ)	grey (mouse colour)
	むらさき	purple	もも色(いろ)	pink (peach colour)
	みどり	green	金色(きんいろ)	gold (gold colour)
	グリーン	green	ぎん色(いろ)	silver (silver colour)
	ピンク	pink	あい色(いろ)	indigo
			ふかみどり	dark green

C2 覚えましょう

I like the black one

Linking true adjectives with nouns is treated the same way in Japanese as it is in English. That is, when using the adjectival form of the colours simply place the colour in front of the noun.

22 Sentence pattern

Q	どちらのTシャツが 好きですか。	Which T-shirt do you like?
A1	黒い(くろ)Tシャツが 好きです。	I like the black T-shirt.
A2	黒いのが 好きです。	I like the black one.

どちら — which

C3 練習しましょう

Can you answer the salaryman's questions?

黒いTシャツが ありますか。
青いジーンズが 好きですか。
赤いくるまが 好きですか。

茶色いシャツは 好きじゃないですか。
白いのが 好きですか。

Tsumiki 2

C4 練習しましょう

3
4

The Japanese students have brought with them various postcards of Japan (see inside back cover). Can you work out which sentence belongs to which postcard? Also, can you find out any more information about these places or buildings that are famous for their distinctive colours?

1 ひめじの白いしろは　何と　いいますか。
2 赤いじんじゃは　やさかじんじゃと　いいます。
3 赤いとりいは　みやじまのちかくに　あります。
4 ふしみいなりのじんじゃの前に　赤いとりいが　たくさん　あります。

ひめじ	Himeji (City)	ふしみいなり	Fushimi Inari (town)
しろ、じょう	castle	とりい	gate
みやじま	Miyajima Island		

D1 覚えましょう

It's mouse-coloured

 Many Japanese colours do not have an adjectival form. Most are expressed as nouns, some using traditional words such as むらさき and some using English words such as オレンジ. Others incorporate things that clearly depict a particular colour. For example, ねずみ色 (mouse-coloured) is used for grey. When noun colours are used to describe something, they must be linked to the noun they are describing with の, as shown in the following sentence pattern.

23 Sentence pattern

Q 何色のシャツが　好きですか。 What colour shirt do you like?
A もも色のシャツが　好きですけど、むらさきのシャツも　好きです。
I like the pink shirt, but I also like the purple shirt.

D2 練習しましょう

5
6

The visitors' photographs reveal a colourful side to Japanese life (see inside front cover). Can you work out which caption belongs to which photo?

1 ともだちは　こん色のせいふくを　きます。
2 グリーンのかんばんは　あかるいです。
3 さくらは　とても　きれいですね。
4 わたるくんのベージュのジャケットは　かっこいいですね。
5 水色のふじさんは　きれいです。
6 はい色のぼうしは　おもしろいですね。
7 き色のぼうしと　き色のTシャツは　かわいいです。
8 金色のお寺は　きんかくじです。

| …を　きます | I/You wear … | あかるい | bright (adj.) |
| かんばん | sign, signboard, notice | さくら | cherry blossom |

覚えましょう

... an interesting book

説明 | As explained in C2, colours in the adjectival form can be used to describe a noun by placing it immediately in front of the word it describes. This is the same for all other true adjectives. It is the same in English. In the following pattern, adjectives other than colours are used.

24 Sentence pattern

a おもしろい本を よみました。 — I read an interesting book.

b たけしくんは かっこいい Tシャツを 買いました。 — Takeshi bought a cool T-shirt.

c かわいい女の子は いもうとです。 — The cute girl is my younger sister.

d 大きい店に 入りましたが、私のサイズは ありませんでした。 — I went into a big store, but they didn't have my size.

説明 | In example (d), notice that you always enter **into** a room or shop. So, the verb 入ります is frequently preceded by に.

 練習しましょう

When Takeshi explained to Luke what his photos were of, he used lots of true adjectives. What did he say in relation to each of his photos?

1 小さい店は めずらしいおみやげを うります。

2 新しいカメラは 小さいですが、高いですね。

3 ふるいお寺は おもしろいです。これは 「そうふく寺」です。

4 大きい店に 入りましたが、私の サイズは ありませんでした。

| めずらしい | rare, unusual *(adj.)* | ふるい | old *(adj.)* |
| うります | I/You sell | | |

F 覚えましょう

When listing nouns, you separate them by a comma or と as you learnt in Unit 4 of ***Tsumiki 1***. When listing colours which are nouns, follow the same pattern, as shown in the examples below.

1 にじは　七色です。色は　赤、オレンジ、き色、みどり、青、あい色と　むらさきです。
2 日本のはたは　赤と　白です。
3 がっこうのせいふくは　こん色と　白です。
4 一番　好きな色は　ピンクと　赤です。
5 だるまは　赤と　金色と　白と　黒と　ピンクです。

| はた | flag | だるま | a doll |

G 日本語について

日本について

Unlike younger generations, older people tend to wear subdued, conservative colours such as navy, brown, black or beige. Just as they avoid making their presence felt, Japanese avoid colours that draw attention, such as red, hot pink or bright green. The words はで (loud, showy, gaudy, bright, colourful) and じみ (simple, plain, subdued, conservative) are sure to be encountered when out shopping with your Japanese friends.

H 覚えましょう

... a lot of good shops

When describing the quantity of things use the following patterns.

25 Sentence pattern

a おみやげの店が　いろいろ　あります。　There are **various** souvenir shops.
b いい店が　たくさん　あります。　There are **many** good shops.
c 日よう日のぎんざは　人が　多いです。　On Sunday, in Ginza, there are **many** people.
d 本やには　ざっしが　すくなかったです。　There **weren't many** magazines in the book store.

説明 | Notice that these words are used in much the same way as counters and are placed just before the verb.

Unit 6

I₁ 覚えましょう
This/That/That over there

In Sentence pattern 23, you used the pattern:
Noun-form of a colour + の + noun (e.g. もも色のシャツ = pink shirt).
This same pattern applies when pointing out objects, as shown in the following pattern.

> **26 Sentence pattern**
>
> a このシャツを　買いたいです。　　I want to buy **this** shirt.
> b その人は　私のともだちです。　　**That** person is my friend.
> c あの店に　いいおみやげが　　　　There are many good souvenirs
> 　　たくさん　あります。　　　　　　in **that** shop **over there**.

 In this pattern, この (this), その (that) and あの (that over there) must be followed by a noun. If you had wanted to say 'I want to buy **this**' then you would say これを　買いたいです. If you had wanted to say '**This** is my shirt' you would have said これは　私のシャツです.

I₂ 練習しましょう

What does Akiko say about each of the scenes in the postcards that she is showing Jane? Check inside the back cover to work out which ones she is talking about.

1 このはがきは　きょうとのきよみずでらのおとわのたきです。
2 このじんじゃは　めいじじんぐうと　いいます。
3 そのはがきは　新しいきょうとえきです。
4 これは　金かく寺です。きょねん　このお寺へ　行きました。金色です。すごく　きれいです。

J₁ 覚えましょう
My favourite ...

You can now link true adjectives with nouns and nouns with nouns. This pattern shows how to add quasi adjectives to nouns.

> **27 Sentence pattern**
>
> a 一番　好き**な**色は　ピンクです。　My favourite colour is pink.
> b 青は　きれい**な**色ですね。　　　　Blue is a pretty colour.
> c じみ**な**色が　好きです。　　　　　I like subdued colours.
> d これは　りっぱ**な**店ですね。　　　This is a fantastic shop.

 As you can see, you have already been using this pattern for some time. You have been asking questions such as 一番　好きなスポーツは　何ですか (What is your favourite sport?) 一番　好きなかもくは　何ですか (What is your favourite subject?). Because 好き is a quasi adjective, it was separated from the noun by な.

J2 練習しましょう

During Takeshi's stay, Luke was able to use lots of quasi adjectives. Can you work out what the boys are talking about?

1. セントメリーズカテドラルは ゆうめいなきょうかいですか。
   はい、そうです。
2. あの元気な男の子を 知っていますか。
   いいえ、知りません。
3. こうえんの中には にぎやかなこどもが 多いです。
4. オーストラリアには へんな動物が たくさん いますね。
5. これは べんりな店です。
6. きれいなようふくが 買いたいです。

| セントメリーズカテドラル | St Mary's Cathedral | きょうかい | church |

K1 覚えましょう

I want the red T-shirt

If you wish to say that you want a particular thing, use the adjective ほしい as shown in the following pattern.

28 Sentence pattern

a 私は 赤いTシャツが ほしいです。　　　I want a red T-shirt.
b 私は 新しいウォークマンが ほしかったです。　I wanted a new walkman.

 Because ほしい is used to express a personal feeling, it should only be used at this stage in the *first person* (i.e. when talking about yourself). Notice the use of the topic marker は followed by the subject marker が.

K2 練習しましょう

What does the salaryman want? What's the problem?

K3 練習しましょう

In each of the following circumstances, what is the man thinking?

1 ぎん色のくるまが ほしいです。

2 あたらしい コンピュータが ほしいです。

3 いぬが ほしかったですが、 うちは せまいです。

L べんりなことば

Here are some common useful expressions. Where and when do you think you would hear them? How often do you think you would use them?

いい店を 知っていますか。
うーん、よく わかりません。

Do you know a good shop?
Um, I don't know (any). (*Lit.* I don't know well.)

何に いたしましょうか。
これに します。
それに します。

May I help you?
I'll have this please.
I'll have that please.

そのようふくは まさみさんに にあいますね。
うーん、わかりません。 きてみます。

That dress suits you, doesn't it, Masami?
Mmm. I don't know. I'll try it on and see.

M1 伝えましょう

Takeshi emails his good friend Yuji. Why did Takeshi buy the black T-shirt?

```
ゆうじくん
元気ですか。
オーストラリアは　すずしいけど、日本は　どうですか。
きのう　シティへ　おみやげを　買いに　行きました。ゆうじくんに　Tシャツを
買いました。Tシャツの色(いろ)は　いろいろ　ありました。白(しろ)、黒(くろ)、青(あお)、赤(あか)、ピンク、
き色、こん、ふかみどり …。ゆうじくんは　みどりと　青が　好きですよね。でも、
みどりのTシャツは　ありませんでした。ふかみどりのTシャツは　ありましたけど、
かっこよくなかったです。だから、黒いTシャツを　買いました。かっこいいですよ。
僕のTシャツも　黒です。お父さんには　白いTシャツを　買いました。それから、
お母さんと　みほに　コアラのぬいぐるみと　オペラハウスのマグネットを
買いました。　ゆうじくんも　コアラや　マグネットが　ほしいですか。
たけし
```

Note: みほ is Takeshi's younger sister's name.

M2 伝えましょう

Akiko sends this email to her friend, Ami. Why didn't Akiko buy a T-shirt for her?

```
あみ
元気ですか。
私は　せんしゅう　かぜを　ひきました。だから、あまり　元気じゃなかったです。
でも、今は　だいじょうぶです。きのう　ホストファミリーのジェインさんと
いっしょに　シティのモールへ　買い物に　行きました。きれいな色(いろ)のスカートを
買いたかったです。モールの店(みせ)で　青(あお)いスカートを　見(み)つけました。ラッキー！
青いスカートのそばに　茶色(ちゃいろ)のシャツが　ありました。とても　かわいかったです。
だから、スカートも　シャツも　買いました。それから、ほかの店で
にじの色のTシャツも！さいふの中に　お金(かね)が　あまり　ありませんでしたけど、
ジェインさんと　いっしょに　買いました。あみさんに　Tシャツを　買いたかった
ですけど、好きな色を　わすれました。ごめんなさい。好きな色を　教えてください。
じゃ、また。元気でね。
あきこ
```

かぜを　ひきました	I/You caught a cold	さいふ	purse, wallet
見つけます	I/You find	お金	money
ラッキー（な）	lucky	わすれました	I/You forgot

Unit 6

つみき新聞

N1 若者について
せいふくの色（いろ）

日本人は かみの色が 黒です。今、茶色や 金色のかみは 人気が あります。でも、多くのがっこうで 茶色や 金色のかみは だめです。だから、がくせいは よく なつやすみと ふゆやすみのあいだ かみを そめます。

今、カラーコンタクトレンズも 人気が あります。日本人のめは 茶色か 黒です。でも、カラーコンタクトレンズは めの色を 茶色や 青や みどりに かえます。黒が 青や みどりに なります。おもしろいです。

中がくせいと 高こうせいの せいふくは こんと 黒が 多いです。せいふくのシャツは 白が 多いです。がっこうで くつは 白か 黒です。きれいな 色のくつは はきません。きれいな 色のくつしたも はきません。白、黒、こんなどです。コートや かばんなども 黒や こんくつした、かばんなどの 色は こんか 黒が きめます。女の子は よく ルーズソックスを はきますが、色は 白です。

男の子は ときどき きれいな 色のTシャツを きます。でも、シャツの 下に くすりを きます。

あいだ	during
多くのがっこう	many schools
か	or
かえます	I/You change
かみ	hair
カラーコンタクトレンズ	colour contact lenses
きめます	I/You decide
くつした	socks
そめます	I/You dye
はきません	I/You don't wear
め	eye(s)

N2 つみき新聞
日本について

日本で 赤と 白の コンビネーションは おいわいの色です。赤と 白を いっしょに つかいます。おまつりや パーティーなどに かざります。新しい店の オープニングにも かざります。でも、たんじょう日には かざりません。けっこんや 赤ちゃんのおいわいに プレゼントや お金を あげますが、赤と 白の コンビネーションを つかいます。

黒と 白の コンビネーションは かなしい色です。おそうしきで 赤を つかいません。おそうしきで 赤を つかいません。黒、白、グレー、みどりを つかいます。

ちゅういしてください。名前を 赤で 書きません。黒や 青や みどりなどは だいじょうぶです。赤は しんだ人の 名前に つかいます。

赤ちゃん	baby
おいわい	celebrations
かざります	I/You display, decorate
かなしい	sad, unhappy (adj.)
けっこん	marriage
しんだ人	dead person, person who has died
おそうしき	funeral
ちゅういしてください	Be careful!

N3 日本語について

How does the significance of colours in Japanese and Japan differ from those in your country?

色のイメージと ひょうげん　Meaning and expression of colour

色	色のイメージ		ひょうげん	
赤（あか）	たいよう	sun	赤ちゃん	baby
青（あお）	みじゅくな	immature / not ripe	このバナナは青（あお）い。青白（あおじろ）い	This banana is not ripe. pale
白（しろ）	むじつ / よごれていない	innocent / not dirty	かとうさんは白（しろ）です。白むく	Mr Kato is innocent. wedding kimono
黒（くろ）	ゆうざい / よごれている / わるい	guilty / dirty / wrong	たなかさんは黒です。	Mr Kato is guilty.
みどり	き	trees	みどり	greenery
むらさき	こうきな	noble		
き色	子どもっぽい	childish	き色いこえ	high-pitched voice of young girls
	みじゅくな	immature		

O チェックしましょう

つぎの しつもんに こたえてください。
1 オーストラリアのゆうめいな動物は　何ですか。
2 めずらしいとりを　知っていますか。
3 しんしつのまどから　何が　見えますか。
4 一番　好きなテーマパークののり物は　何ですか。
5 何色のソックスが　好きですか。
　青いソックス／赤いソックス／黒いソックス
6 何色のシャツが　好きですか。
7 せんせいは　おもしろい人ですか。
8 べんりな店のちかくに　すんでいますか。
9 せいふくは　茶色のくつと　白のシャツと　白のソックスですか。
10 日本語のクラスに　いいせいとが　多いですか。

すしは　いろいろ　あります。

Unit 6

7 がっこう
学校のツアー
A tour of the school

Outcomes

By the end of this unit you will be able to:
- point out the key features of your school
- talk about Japanese schools
- ask for permission
- give instructions

A1 話しましょう

 While the Japanese students are visiting Manly High, they are taken on a tour of the school by the teacher of Japanese.

ツアー	tour	室	room
あんないします	I/You (will) show you, guide you	入ってもいいですか	May I/we enter?
一かい	first floor (the ground floor)	ドアを ノックします	I/You knock on the door
ここ	here	よんでください	Please call out
しょくいん室	staff room	二かい	second floor

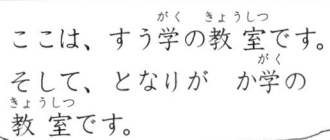

ひいてもいいですか	May I/we play (the piano)	日本と　ちがいます	It is different to Japan
ひいてください	Please play (the piano)	せんようの教室	classrooms for specific subjects
いどうします	I/You change, transfer		
教えます	I/You teach		

じっしゅう室	laboratory, workshop	あそこ	over there
静かに	quietly (adv.)	しばふ	grass

A2 話しましょう

Tanya, the school captain at Green Bay High, is showing the Japanese visitors around the school.

ターニャ： みなさん、おはようございます。私は　スクールキャプテンの　ターニャです。今から　学校の　中を　あんないします。みなさん　いますか。

せいと１： ターニャさん、けいこさんが　いません。

ターニャ： どこへ　行きましたか。

せいと１： わかりません。

ターニャ： そうですか。じゃあ、けいこさんを　**さがしながら**[1]、行きましょう。

1 while looking for (Keiko)

せいと： はい。

ターニャ： この**たて物**[2]は　**Ａブロック**[3]です。ここは　**こうちょう**[4]室。となりは　**ふくこうちょうせんせい**[5]の**へや**[6]です。そして、**じむ室**[7]、ほけん室です。みなさん、入ってください。ここは　えんげきの教室です。

2 building
3 A block
4 principal
5 vice principal
6 room
7 office
8 public speaking

せいと２： えんげきの教室？

ターニャ： はい。ここで　えんげきや　**はっぴょう**[8]のれんしゅうを　します。

せいと３： えんげきクラブが？

ターニャ： えんげきクラブも　ここで　れんしゅうしますが、えんげきの　じゅぎょうが　あります。となりのたて物へ　行きましょう。

ターニャ： ここに　かていかの教室が　あります。

せいと４： あ、日本と　おなじです。

ターニャ： しー、静かにしてください。**じゅぎょう中**[9]です。

9 during class
10 I'm sorry I'm late
11 What happened to you?
12 stairs
13 I/You fell over
14 pitiable, poor

けいこ： **おそくなって　すみません**[10]。

ターニャ： けいこさんですか。**どうしましたか**[11]。

けいこ： **かいだん**[12]で　**ころびました**[13]。

ターニャ： あら、**かわいそう**[14]。ほけん室へ　行きましょう。

けいこ： はい。

ターニャ： みなさん、ここで　静かに　待っていてください。

せいと： はい。

Unit 7　93

15 business subjects

16 May I use …

17 I/You ask (and see)

18 gymnasium

19 school assembly

20 please come

21 quadrangle

22 rubbish

23 rubbish bin

24 please put in, insert

25 May I eat

26 playing fields

27 here (same meaning as ここ)

28 please bring (lit. please hold and come)

29 Let's go back

ターニャ： みなさん、お待たせしました。さあ、行きましょう。かていかのたて物の
となりは　しょうぎょうかもく[15]のたて物です。

＊＊＊

ターニャ： ここは　Bブロックです。コンピュータルームが　あります。

せいと１： ターニャさん、コンピュータを　使ってもいいですか[16]。日本のともだちに
メールを　書きたいです。

ターニャ： ちょっと　わかりません。あとで　しょうぎょうかもくのせんせいに
聞いてみます[17]。

みなさん、あれを　見てください。たいいくかん[18]です。えい語で
gymnasiumです。

あそこで　あさ　ちょうれい[19]を　します。

みなさん、あついですから、木のしたに　来てください[20]。ここは
中にわ[21]です。

えい語で　quadrangleです。

ひるごはんは　ここで　食べます。

ごみ[22]は　ごみばこ[23]に
入れてください[24]ね。

せいと２： そとで　食べますか。

せいと３： 教室の中で　食べてもいいですか[25]。

ターニャ： いいえ。木のしたで
食べてください。

せいと： えー。

ターニャ： 中にわに　トイレも　あります。

せいと４： トイレ？

ターニャ： そこです。みなさんのうしろです。トイレのむこうに　うんどうじょう[26]が
あります。

みなさん、こっち[27]に　来てください。ここに　ばいてんが　あります。
えい語で　canteenです。7時半から　2時までです。みなさん、学校に
ごはんのお金だけ　もって来てください[28]ね。じゃあ、もどりましょう[29]。

B 漢字を 書きましょう

61 使 use

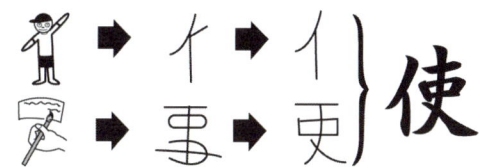

A person **uses** paper to write on.

8 かく
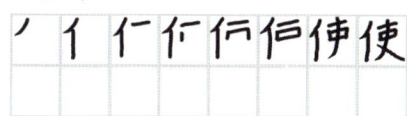

- くん つか(う)
- おん し
- れい 使う to use

62 年 year

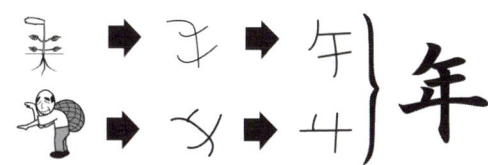

Traditionally, the Japanese **year** revolved around the rice crop harvest, so the kanji for **year** comes from a picture of a man carrying rice on his back.

6 かく

- くん とし
- おん ねん
- れい 今年 this year
  一年生 first year student

63 広 wide

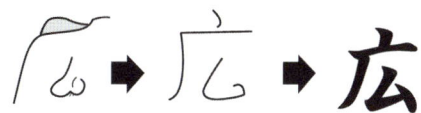

Cliffs along the coastline offer a **wide** view for any person (symbolised by a nose).

5 かく

- くん ひろ(い)
- おん こう
- れい 広い wide, spacious

64 静 quiet

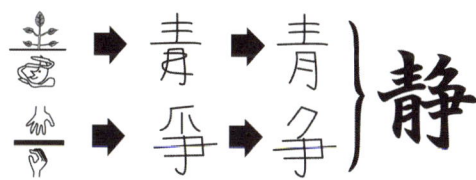

The radical on the left means 'blue'. The radical on the right means 'fight', and is represented by two hands competing for a steel bar. Together they symbolise the **quiet** after a disagreement.

14 かく

- くん しず
- おん せい
- れい 静か quiet
  静かに quietly

65 学 learn

Learning takes place in a school – a building which has children inside.

8 かく

- くん まな(ぶ)
- おん がく
- れい 学ぶ to learn, 学校 school
  学生 student

Unit 7

66 校 school

A child sitting cross-legged at a low table, studying under a tree. Learning can take place anywhere, not just in a *school*.

10かく

くん	かせ、くら
おん	こう
れい	学校 school 高校生 high school student

67 待 wait

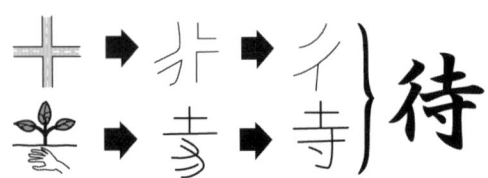

The radical on the left represents someone going somewhere, but stopping briefly to *wait* and perhaps pray at a temple, as shown on the right.

9かく

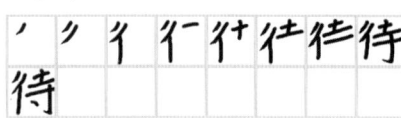

くん	ま(つ)
おん	たい
れい	待つ to wait

68 読 read

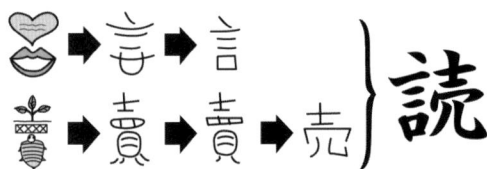

This kanji is a combination of the kanji to *sell* (売) and to *say* (言). It represents the idea that *reading* involves saying, and through *reading* advertisements things are sold.

14かく

くん	よ(む)
おん	どく、とく、とう
れい	読む to read

69 室 room

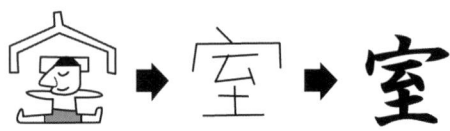

A man sits in a *room* (under a roof).

9かく

くん	むろ
おん	しつ、しち
れい	室 room

70 生 birth

When a flower is at the peak of its growth, it is ready to start a new cycle of life. (The seed drops and gives *birth* to a new plant).

5かく

くん	い(きる)、う(まれる)、き、なま
おん	せい、しょう
れい	学生 student

C1 覚えましょう
Here/There/That over there

29 Sentence pattern

Q1	しょくいん室は どこですか。	Where is the staff room?
A1	ここです。	It's here.
Q2	しょくいん室は どこに ありますか。	Where is the staff room?
A2	ここに あります。	It is here.

説明 You have already learnt how to use これ (this), それ (that) and あれ (that over there). These words are generally followed by は, が or を. ここ (here), そこ (there) and あそこ (over there) refer to where something is. These words are often followed by に, は, で or が. Take note of the meaning markers used in each of the sentences in C2 below. で marks the place of an action and に is used with the verbs あります and います.

C2 練習しましょう

In each of the following scenes, where is the place being talked about?

1. こうちょう室は どこですか。 / ここです。私たちの前に あります。

2. ここは 中にわです。 / ここで ひるごはんを 食べます。

3. うんどうじょうは どこですか。 / あそこです。

4. あそこに ちゅうりんじょうが あります。

5. ここで あさ ちょうれいを します。

6. ここが おん楽室です。

 ちゅうりんじょう　　bicycle parking area

D1 覚えましょう
May I ...

In A1 and A2 of this unit, the expressions ～てもいいですか (May I ...) and ～てください (Please ...) were used. These endings are very useful, as shown in the following patterns.

30 Sentence pattern

Q この教室に　入ってもいいですか。　　May I enter this room?
A はい、どうぞ。入ってください。　　　Yes, go ahead. Please enter.

説明　You have undoubtedly heard your teacher using the pattern ～てください. ください is added to the ～て form of the verb to mean 'Please do ...'. You have already been using the ～て form with the pattern ～ています in sentences such as 何を　ならっていますか (What are you studying?), お母さんは　どこで　はたらいていますか (Where is your mother working?) and どこに　すんでいますか (Where are you living?).

In order to ask permission to do something, you add ～もいいですか to the ～て form of the verb. See how the ～て form is created for the following verbs. Notice the patterns that are formed within each of the groups.

At this stage, it is important to know how to use the ～て form of the verbs listed below, as well as those you have previously studied.

Group 1 verbs	～ます	～て	Please ...	May I ...
Listen, ask	ききます	きいて	きいてください	きいてもいいですか
Go	いきます	いって*	いってください	いってもいいですか
Play	ひきます	ひいて	ひいてください	ひいてもいいですか
Write	かきます	かいて	かいてください	かいてもいいですか
Take	もっていきます	もっていって	もっていってください	もっていってもいいですか
Speak	はなします	はなして	はなしてください	はなしてもいいですか
Wait	まちます	まって	まってください	まってもいいですか
Drink	のみます	のんで	のんでください	のんでもいいですか
Read	よみます	よんで	よんでください	よんでもいいですか
Enter	はいります	はいって	はいってください	はいってもいいですか
Return	かえります	かえって	かえってください	かえってもいいですか
Call out	よびます	よんで	よんでください	よんでもいいですか
Use	つかいます	つかって	つかってください	つかってもいいですか

*Note: the ～て form of いきます is irregular

Group 2 verbs	〜ます	〜て	Please ...	May I ...
Teach	おしえます	おしえて	おしえてください	おしえてもいいですか
Eat	たべます	たべて	たべてください	たべてもいいですか
Insert, put in	いれます	いれて	いれてください	いれてもいいですか
Look, see	みます	みて	みてください	みてもいいですか
Wear	きます	きて	きてください	きてもいいですか
Sleep	ねます	ねて	ねてください	ねてもいいですか
Group 3 verbs (irregular)				
Come	きます	きて	きてください	きてもいいですか
Do	します	して	してください	してもいいですか
Bring	もってきます	もってきて	もってきてください	もってきてもいいですか

D2 練習しましょう

Can you work out what these dialogues mean?

1 今　えんげきの教室を
　そうじしてもいいですか。
　いいえ、ちょっと　待ってください。
　じゅぎょう中です。

2 すみませんが、メニューを
　見てもいいですか。
　はい、もちろん。どうぞ。

3 ここで　勉強してもいいですか。
　はい、もちろん。

4 ごみは　ごみばこに　入れてください。
　はい。このへやには　ごみが　たくさん
　ありますね。

5 えみこさんと　としょかんへ
　行ってもいいですか。
　はい、もちろん。いっしょに
　行きましょう。

6 この教室で　食べてもいいですか。
　いいえ。そとで　食べてください。

7 ロッカーを　使ってもいいですか。
　はい、いいです。

8 トイレへ　行ってもいいですか。
　はい、あそこです。

Students in calligraphy class

Primary school students bow to teacher

E1 覚えましょう

～て form

僕と　来てください。

You can now use the ～て form of the verb to:

1 Ask permission:
 私も　行ってもいいですか。　　**May I** come too?

2 Invite someone to do something:
 私と　来てください。　　**Please** come with me.

3 Express a continuing action:
 何を　ならっていますか。　　What are you learn**ing**?
 どこに　すんでいますか。　　Where are you liv**ing**?

Sentence pattern 31 shows you how the ～て form can be used in combination with みます to indicate that you want *to see* what happens.

31 Sentence pattern

a あとで　せんせいに　聞いてみます。　　I'll ask the teacher later and see (what she says).

b この食べ物を　食べてみます。　　I'll try this food (I'll eat this food and see what it is like).

c このドレスを　きてみます。　　I'll try this dress on (I'll wear this dress and see what it's like).

E2 練習しましょう

The ～て form of the verb can be used in getting across many ideas. Can you work out what the following conversations mean?

1 お母さんは　学校（がっこう）で　はたらいていますか。
 いいえ、びょういんで　はたらいています。

2 このへやに　入ってもいいですか。
 いいえ、このへやは　しょくいん室（しつ）です。入り口で　待（ま）ってください。せんせいの名前を よんでください。

3 えみさんのせいふくは　かわいいですね。きてみてもいいですか。
 はい、もちろん。

4 ベジマイトは　たいへん　くさいです。
 そうですか。すごく　おいしいです。どうぞ　ちょっと　食べてみてください。

5 ピアノを　ひきますか。
 ええ、でも　へたです。
 どうぞ　ひいてください。聞きたいです！

F1 覚えましょう
What floor is it on?

Just as there are counters for animals (匹) and people (人) there are counters for floors of a building. Floors of buildings in schools in Japan are particularly important because they may designate which year level is located on that floor.

32 Sentence pattern

a 三がいには どんな教室が ありますか。 — What kind of classrooms are on the third floor?
　三がいには ふつうの教室が あります。 — The general classrooms are on the third floor.
b おん楽室は 何かいに ありますか。 — On what floor is the music room?
　おん楽室は 二かいに あります。 — The music room is on the second floor.
c いつも 一年生は 一かいと 二かいの教室で 勉強しています。 — The first year students always study in the classrooms on the first and second floor.
d 二かいに 行きましょう。 — Let's go to the second floor.

 Notice the use of the meaning marker に in (a) and (b) to mark the position of something. で is used in (c) to mark the place where an action takes place.

F2 練習しましょう

What is located where in this building? (You may need to refer to key vocabulary on the following page.)

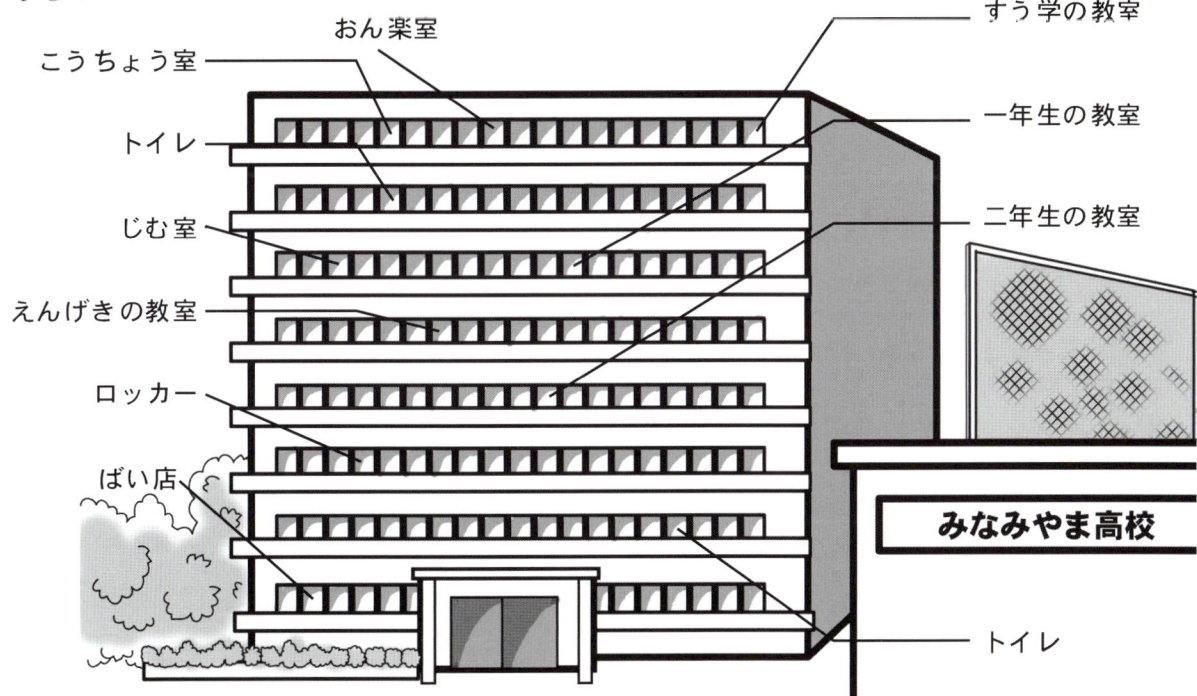

 ふつう　　normal, common, ordinary

Unit 7

G べんりなことば
学校のたて物

Knowing the names of school subjects makes knowing the names of the various classrooms easy. Many of the words for school buildings are combinations of words you already know. The words 室 (しつ) or へや (room) or 教室 (きょうしつ) (classroom) are frequently added to the name of the subject to make the name of the room in which that subject is taught.

たて物
building

教室 (きょうしつ)
classroom

すう学の教室
maths classroom

こうちょう室
principal's office

ふくこうちょうせんせいのへや
vice principal's office

きょうとうせんせいのへや
deputy principal's room

えんげきの教室
drama classroom

かていかの教室
home economics classroom

ほけん室
health room

うんどうじょう
playground

おん楽室
music room

トイレ
toilet

かていかのたて物
home economics building

しょうぎょうかもくの
たて物
business subjects building

ばい店 (てん)
canteen, tuckshop

しょくいん室
staff room

としょかん
library

ぎじゅつのじっしゅう室
art workshops

H1 伝えましょう

Following the tour of Green Bay High, Keiko was asked to describe a Japanese junior high school. Mariana, Tanya, Emily and their friends were surprised at just how much they could understand. Read Keiko's notes and see if you too can understand what her school must look like.

私の学校

　私の中学校には　たて物が　三つ　あります。たいいくかんと　一年生と　二年生のたて物と　三年生のたて物です。

たいいくかんでは　うんどうを　しますが、ちょうれいや　入学しき、そつぎょうしきも　します。

　一年生と　二年生のたて物には　一かいから　三がいまで　ふつうの教室、おん楽室、びじゅつ室、りかのじっけん室、ぎじゅつと　かていかのじっしゅう室が　あります。いつも　一年生は　一かいと　二かいの教室、二年生は　二かいと　三がいの教室で　勉強します。りかのじっけん室と　ぎじゅつのじっしゅう室は　一かい、おん楽室と　びじゅつ室は　二かい、かていかのじっしゅう室は　三がいに　あります。

　三年生のたて物には　一かいに　こうちょう室、しょくいん室、ほけん室、じむ室が　あります。二かいに　コンピュータルームと　三年生の教室が　あります。三がいには　ふつうの教室だけ　あります。

　日本の学校で　こく語、すう学、しゃかいなどは　一つの教室で　勉強します。だから、学生は　教室を　いどうしません。じぶんたちの教室で　ひるごはんを　食べます。そして　じぶんたちの教室を　そうじします。でも、おん楽や　コンピュータなどのかもくは　せんようの教室で　勉強します。

　うんどうじょうは　三年生のたて物の前に　あります。でも、日本の学校のうんどうじょうには　しばふが　ありません。土の　うんどうじょうです。バスケットボール、バレーボール、テニスの　コートが　あります。プールは　テニスコートのそばに　あります。

入学しき	school entrance ceremony	じぶんたち	our own
そつぎょうしき	graduation ceremony	土のうんどうじょう	dirt playing field
じっけん室	laboratory		

Unit 7

H₂ 伝えましょう

The boys at Manly High designed a leaflet about their school to send to their friends in Japan. How do they describe it?

私たちの学校のしょうかい
マンリー・ハイ・スクール

私たちの学校を　しょうかいします。

私たちの学校には　たて物が　七つ　あります。ブロックは　AからDまで　あります。

Aブロックには　じむ室、こうちょう室、きょうとうせんせいのへやが　あります。みんな　一かいに　あります。二かいは　ありません。

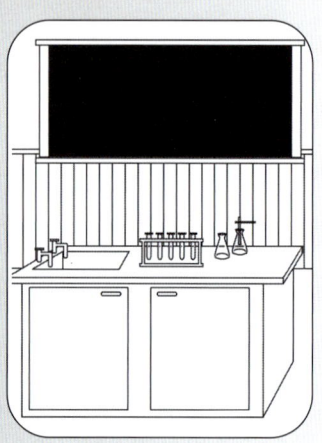

Bブロックには　えい語、日本語、ちゅうごく語、フランス語、ドイツ語、しゃかい、すう学の教室が　あります。一かいに　えい語、しゃかい、すう学の教室が　あります。

Cブロックには　たて物が　二つ　あります。たて物1と　2です。たて物1は　しょうぎょうかもくのたて物です。コンピュータルームが　二かいに　あります。たて物2は　たて物1の　となりです。一かいに　じっけん室、二かいに　か学の教室が　あります。

Dブロックにも　たて物が　二つ　あります。たて物1には　ほけん室と　ばい店が　あります。たて物2には　おん楽室と　えんげきの教室が　あります。

Dブロックのそばに　たいいくかんと　ネットボールのコートが　あります。プールは　ありませんが、しばふのグランドが　あります。

| しょうかい | introduction | きょうとう（せんせい） | deputy principal (head teacher) |

つみき新聞

若者について

げたばこ

げたばこは　学校のたて物の入り口に　あります。そして　げたばこの中に　うわばきが　あります。小学校、中学校、高校のたて物の中で　学生は　うんどうぐつを　はきません。うわばきを　はきます。まい日　あさ　学校で　学生は　まず　うわばきを　はきます。そして、くつを　げたばこに　入れます。

そして、くつを　げたばこに　入れます。そして、くつを　はきます。学生は　よく　げたばこのちかくで　いろいろ　話します。
「今日のしけんは　むずかしかったですね。」
「そうですね。」
「今日　いっしょに　ビデオを　見ましょうか。」
「何を　見ましょうか。」
「今日　いっしょに　勉強しましょうか。」
「そうしましょう。」

学生は　ときどき　げたばこのくつの中に　てがみや　メッセージを　入れます。バレンタインデーに　女の子は　ときどき　男の子のくつの中に　チョコレートを　入れます。ちょくせつ　てがみや　チョコレートを　あげたいですが、はずかしいです。だから、くつの中に　入れます。

あげたい	I/You want to give	しけん	examination
うわばき	indoor slippers	ちょくせつ	directly (adv.)
うんどうぐつ	sports shoes	はずかしい	embarrassed (adj.)
げたばこ	shoe rack	バレンタインデー	Valentine's Day

つみき新聞

日本について

大学の入学しけん

日本で　小学校と　中学校まで　ぎむきょういくです。高校は　ぎむきょういくじゃないです。中学生は　高校のしけんを　うけます。今、九六・九パーセントの　中学生が　高校へ　行きます。

高校生の　四五・一パーセントが　大学や　たんき大学へ　行きます。男の子は　四三・一パーセント、女の子は　四七・一パーセントです。日本は　大学が　多いです。でも、大学へ　行きたい人も　多いです。

十年から　十七年前　高校生は　とても　多かったです。だから、大学のしけんは　とても　むずかしかったです。でも、今　子どもが　すくないです。だから、大学のしけんは　すこし　かんたんに　なりました。

行きたい人	people who want to go	ぎむきょういく	compulsory education
うけます	I/You sit an exam	十年から　十七年前	10 to 17 years ago
かんたんに　なりました	has become easier	たんき大学	junior college

Unit 7

日本語について

「きりつ」「れい」「ちゃくせき」

学校で じゅぎょうの前に 学生は みんな いっしょに 「きりつ」、「れい」、「ちゃくせき」を します。まず せんせいが 教室に 来ます。そして、学生の前に たちます。一人の学生が 「きりつ」と いいます。学生が たちます。そして 「れい」と いいます。せんせいに おじぎを します。そのあと「ちゃくせき」と いいます。おじぎのあとで すわります。

おじぎ	bow, curtsy	たちます	I/You stand
学生の前に	in front of the students	ちゃくせき	Sit!
きりつ	Stand up!	「…」と いいます	I/You say …
すわります	I/You sit	れい	Bow!

チェックしましょう

つぎのしつもんに こたえてください。

1. a 学校のたて物を しょうかいしてください。
   b 学校のたて物のえを 書いてください。そのあとで、日本語で 教室と たて物の名前を 書いてください。
2. a じゅぎょう中 けいたいでんわを 使ってもいいですか。
   b 日本語の教室は 何かいに ありますか。
   c としょかんは どこですか。
   d どこで そつぎょうしきを しますか。
   e 生とたちは しょくいん室に 入ってもいいですか。
   f あなたの学校には えんげきの教室が ありますか。
   g こうちょう室は ふくこうちょうせんせいの へやのそばに ありますか。
   h あなたの学校は どうですか。
      広いですか。せまいですか。
      静かですか。にぎやかですか。
      大きいですか。小さいですか。

Toita Girls High, Tokyo

え	picture	

8 田舎の経験
A country experience

Outcomes
By the end of this unit students will be able to:
- guide tourists around popular destinations
- suggest activities
- describe animals and the countryside

A1 話しましょう

 Green Bay High takes its Japanese visitors to a sheep farm. Mariana enjoys her day as Hiroko's guide.

いなか	country, rural	ほそい	thin, fine (adj.)
けいけん	experience, adventure	け	hair
いっぱい	full, a lot	なつに	in summer
からだ	body	かります	I/You cut, shear
まるい	round (adj.)	気を つけてください	Please be careful
足	leg	たってください	Please stand

Unit 8 107

Tsumiki 2 — p.108

Panel 1: ひろこさん、バーベキューエリアを見てください。

Panel 2: 白いとりが います。あれは 日本語で 何ですか。

Panel 3: いますけど、どっちのとり？

Panel 4: くびが ながくて くちばしが き色いの？ / コッコッ… / くびが みじかくて くちばしが 赤いの？

Panel 5: くびが ながくて くちばしが き色いのは？ / ガァ / あれは あひるです。

Panel 6: くちばしが 赤いのは？ / にわとりです。

Panel 7: あひるに えさを やりましょうか。 / そうしましょう。

Panel 8: (feeding scene)

Panel 9: うわー、大きくて けが ながい 犬ですね。 / きれいですね。

Panel 10: 犬が 多いですね。黒いのと 茶色いのも います。 / オーストラリアン・シープドッグですよ。

どっち	which	みじかくて …	short and …
くび	neck	えさ	food, bait
ながくて …	long and …	… やりましょうか	Shall we give it to … (lower ranks)
くちばし	bill, beak		

あれは ポニーですね。
ここで 乗馬が できますよ。
馬に 乗りたいですか。

あ、白い 馬です。
かっこいいですね。
茶色くて 小さい馬も います。
あたまが 大きくて 足が みじかいですね。

え？乗馬は はじめてです。

だいじょうぶです。
白くて かっこいい 馬に 乗りましょう。

それから 馬のせわを しましょう。

馬のせわ？
おもしろそうですね。

あー、楽しかった。

よかったですね。

マリアナさんは 乗馬が じょうずですね。
私は ぜんぜん じょうずじゃないです。

でも、ひろこさんは はじめてですよね。
じょうずでしたよ。

そうですか。
うれしいです。

茶色くて …	brown and …	乗馬が できます	I/You can horse ride
あたま	head	乗馬	horse riding
ポニー	pony	馬のせわ	looking after horses

Unit 8

A2 話しましょう

Andrew's class takes Tsuyoshi and the rest of the Japanese visitors out to a typical Australian farm for the day.

1	grass
2	counter for large animals
3	I am/You are /It is running
4	I/You milk a cow
5	I/You ride a horse
6	I/You paddle a canoe
7	It was a great feeling
8	black and …
9	insect
10	arm
11	I am/You are/It is perched, sitting
12	mosquito
13	was slow (adj.)
14	six (counter for long cylindrical items)
15	beetle
16	small and …
17	ladybird
18	I'm exhausted
19	You must be exhausted
20	You (too) must be exhausted

アンドルー： つよしくん、あれを 見てください。
牛が あそこで くさ[1]を 食べています。

つよし： え？牛？どこですか。

アンドルー： あそこ。ほら。木のしたに
5とう[2] います。茶色い動物です。
くびが ながいです。

つよし： アンドルーくん、あれは 日本語で
馬です。

アンドルー： え？じゃあ、あれは？あそこで くさを
食べています。茶色くて 大きいのは？

つよし： 牛です。じゃあ、アンドルーくん、
あれは？ほら、今 はしっています[3]。
小さくて 黒いの。

アンドルー： ええっと、あれは …。

つよし： 犬です。

アンドルー： そうですか …。じゃあ、白いのは ねこですか。

つよし： そうです。目が 青いねこですね。

アンドルー： つよしくん、牛のちちしぼりを します[4]か。馬に 乗ります[5]か。
ダムで カヌーを こぎます[6]か。

つよし： うーん、ぜんぶ！！ でも、まず カヌーを こぎたいです。

アンドルー： どうでしたか。

つよし： **気もちが よかったです[7]**。

アンドルー： あ、つよしくん、**黒くて[8] 小さいむし[9]**が うで[10]に **とまっています**[11]。

つよし： え？どこ？

アンドルー： ここ。

つよし： あ！か[12]！あー、**おそかった！**[13]

アンドルー： つよしくん、あれは 何ですか。
茶色くて 足が 六本[14] あります。

つよし： あれは **かぶとむし**[15]です。

アンドルー： じゃあ、**小さくて**[16] まるいむしは？

つよし： **てんとうむし**[17]です。

つよし： あー、楽しかったけど、**つかれました**[18]。

アンドルー： **おつかれさまでした**[19]。

つよし： アンドルーくんも **おつかれさま**[20]。

B 漢字を 書きましょう

71 目 eye

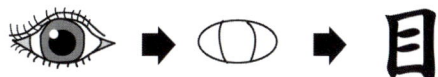

It is easy to see how the kanji for *eye* developed.

5 かく

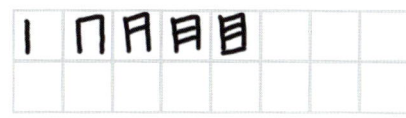

- くん　め、ま
- おん　もく、ぼく
- れい　目(め) eye

72 耳 ear

This is the *ear* on the side of the face. (It is the same *ear* that was listening through the shoji screens in the kanji 聞 from Unit 3.)

6 かく

- くん　みみ
- おん　じ
- れい　耳(みみ) ear

73 足 leg

This kanji is derived from the sketch of a *foot* next to a mouth. The mouth shows that the *foot* or *leg* belongs to a human being.

7 かく

- くん　あし、た(りる)
- おん　そく
- れい　足(あし) leg

74 手 hand

The kanji for *hand* is represented by five prongs (the fingers).

4 かく

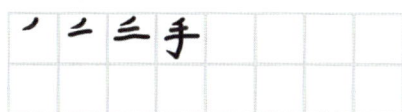

- くん　て
- おん　しゅ
- れい　手(て) hand
　　　　上手(じょうず) skilful

75 犬 dog

This kanji comes from the sketch of a *dog*.

4 かく

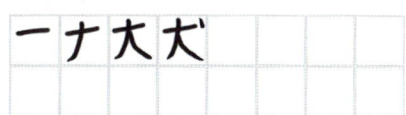

- くん　いぬ
- おん　けん
- れい　犬(いぬ) dog

Unit 8

76 羊 sheep

This kanji was derived from the sketch of a *sheep's* face.

6 かく

- くん　ひつじ
- おん　よう
- れい　羊(ひつじ) sheep

77 馬 horse

Like the two previous kanji, the kanji for *horse* was derived from a sketch of the animal.

10 かく

- くん　うま、ま
- おん　ば
- れい　馬(うま) horse
　　　乗馬(じょうば) horse riding

78 牛 cow

Like kanji 76, this kanji comes from the sketch of a *cow's* face.

4 かく

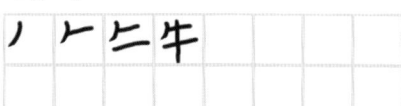

- くん　うし
- おん　ぎゅう
- れい　牛(うし) cow

79 乗 ride

A person climbs to the top of a tree to look for people *riding* into town on horses.

9 かく

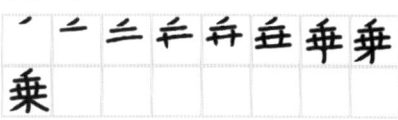

- くん　の(る)
- おん　じょう
- れい　乗(の)り物(もの) vehicle
　　　乗(の)る to ride

80 作 make

This kanji comes from a picture of a person building or *making* a house.

7 かく

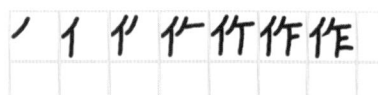

- くん　つく(る)
- おん　さく、さ
- れい　作(つく)る to make

Tsumiki 2

C べんりなことば

動物

- あたま head
- 目(め) eye(s)
- はな nose
- は tooth/teeth
- 口(くち) mouth
- した tongue

- 耳(みみ) ear(s)
- くび neck
- け hair
- からだ body
- しっぽ tail
- 足(あし) leg(s)

- あたま
- 目
- くちばし beak

- くび
- はね feather

- は
- しっぽ
- ゆび fingers

- 目
- 口
- 手(て) hand
- うで arm

Unit 8　113

D1 覚えましょう
Black and brown ...

Look at how easy it is to join phrases and adjectives. The idea of 'and' when using true adjectives is easily constructed and very useful.

33 Sentence pattern

a 馬(うま)は 黒くて かっこいいです。　　The horse is black and stunning.
b 馬は 茶色くて 足が ほそいです。　　The horse is brown and its legs are thin.
c あひるは くびが みじかくて　　The duck's neck is short and its bill is red.
  くちばしが 赤いです。

The ~て form of a true adjective is formed by replacing the final い with くて. The ~て form links sentences and it generally means 'and'.
For example:

茶色い (brown)　　茶色くて (brown and ...)
黒い (black)　　黒くて (black and ...)

In Sentence pattern 33b you could have said:
馬は 茶色いです。足が ほそいです。(The horse is brown. Its legs are thin)
But in many circumstances this would not sound very natural.
Notice the use of は after the topic of the sentence (the horse). が is used after the subject of the sentence.

D2 練習しましょう

See how useful the ~て form can be. What does each of these sentences mean?

1 カンガルーは しっぽが ながくて 強(つよ)いです。
2 さるは しっぽが ながくて かしこいです。
  からだが 小さくて 茶色いです。
3 ぼくじょうは 広くて 羊(ひつじ)が 多いです。
4 日本のはたけは 小さくて みどりです。
5 せんせいは やさしくて あたまが いいです。
6 私の犬は あたまが よくて 元気です。
7 けんじくんは おもしろくて かっこいいです。
8 ゆう子さんは かわいくて テニスが じょうずです。
9 ニュージーランドのうみは 青くて きれいです。
10 牛にゅうは 安くて おいしいです。

強い	strong (adj.)	はたけ	field (farm)
かしこい	smart (adj.)	あたまが いい	intelligent
ぼくじょう	stock farm	牛にゅう	milk

Tsumiki 2

D3

As they walked around the farms with their Japanese visitors, the students from Green Bay High and Manly High were thrilled to be able to understand what their visitors were saying to their teachers and each other about the animals. What can you understand?

1 この犬（いぬ）は かわいいですね！足（あし）が みじかくて 耳（みみ）が ながいですね。

2 カンガルーは すごく めずらしいですね。手（て）が みじかくて 足が ながくて しっぽが ながくて 強いです。

3 羊（ひつじ）は からだが まるくて けが ながいですね。足が みじかくて かわいいですね。

4 はえは 大きくて かは 小さくて たくさん います。

5 コアラは 手と ゆびが 強くて ながいですね。

6 あひるは うるさくて やぎは くさいです。 ぶたは くさくて カンガルーは あぶないです。

 やぎ　　goat

E1 覚えましょう
Counters

The counter for legs and anything long and cylindrical is 本（ほん）.

34 Sentence pattern

Q かは 足（あし）が 何本（なんぼん）ですか。　　How many legs do mosquitos have?
A かは 足が 六本（ろっぽん）です。　　Mosquitos have six legs.

 The counters are used in the same way as counters you have previously studied. You have already learnt the kanji for this counter, as it is the same used as 'book' (本（ほん）) and as used in 'Japan' (日本).

1 いっぽん	一本	6 ろっぽん	六本
2 にほん	二本	7 ななほん／しちほん	七本
3 さんぼん	三本	8 はちほん／はっぽん	八本
4 よんほん	四本	9 きゅうほん	九本
5 ごほん	五本	10 じっぽん／じゅっぽん	十本

E2 練習しましょう

How many legs do these creatures have?

 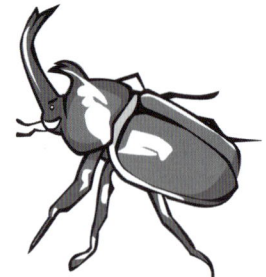  

1 はえは 足が
   六本です。

2 かぶとむしは
   足が 六本です。

3 てんとうむしは
   足が 六本です。

4 牛は 足が
   四本です。

5 とりは 足が
   二本です。

6 コアラは 足が
   四本です。

7 カンガルーは
   足が 二本です。

8 エミューは
   足が 二本です。

F1 覚えましょう

Adjectival phrases

Lots of fun can be had by adding a little creative flair and imagination to your Japanese. You already know how to use adjectives. For example:

ぶたは くさいです。　　　　　　　The pig is smelly.
くさいぶたは 大きいです。　　　　The smelly pig is huge.
ぶたは しっぽが みじかいです。　The pig's tail is short.

Now, by using the whole sentence as if it were a single true adjective, you can write even more descriptively.

35 Sentence pattern

a しっぽが みじかいぶたは 大きくて くさいです。
   The pig **whose tail is short** is big and smelly.

b 目が 茶色い犬は かわいいですね。
   The dog **whose eyes are brown** is cute.

c くちばしが き色いのは 私の一番 好きなあひるです。
   The one **whose bill is yellow** is my favourite duck.

説明 | Notice that the subject within the *true-adjectival clauses* is always followed by が.

F2 練習しましょう

Look at the way these adjectival clauses can be used when you are out on a farm! What do these sentences mean?

1 うわー、けが ながい犬を 見てください。何犬ですか。
　イングリッシュセッターですか。
2 ほら、はねが 青くて あたまが 赤いとりは 足が 一本です。かわいそうですね。
3 耳が ながい犬は 茶色くて かわいいですね。
4 あたまが 黒い羊は サフォークです。
5 けが ながい羊は メリノです。メリノのけは ゆうめいですね。
6 あたまが いい犬は いつも いそがしいです。
7 ふたが 黒いはこは 何のはこですか。

| 何犬 | what (sort of) dog | メリノ | merino, a type of sheep |
| サフォーク | suffolk, a type of sheep | はこ | box |

G1 べんりなことば

Japanese frequently show an appreciation for how other people are feeling by commenting on how tired the other person must be. It is also considered polite to comment on how good one feels at the end of an outing. Expressing gratitude is always appreciated.

G2 べんりなことば

説明 | Notice the counter for 'bowls of/glasses of/plates of'. It is also used to mean 'full' or 'having eaten enough'.

H 伝えましょう

After her day on the sheep station, Yuki spends some time writing in her diary. What were the highlights of her day?

　　今日は　クラスメートと　バスで　sheep farmへ　行きました。あつかったけど、とても　楽しかったです！
　　Sheep farm には　羊、馬、牛、やぎ、あひるなどが　いました。私は　はじめて馬に　乗りました。からだが　茶色くて　足が　白い馬でした。ちょっとこわかったけど、気もちが　よかったです。マリアナさんは　乗馬が　じょうずでした。うらやましかったです。そのあと、羊に　えさを　やりました。羊のけは　くさくてあまり　きれいじゃなかったけど、目が　かわいかったです。
　　ひるごはんのあとで　羊のけから　けいとを　作りました。せんせいも　けいとを作りました。せんせいのけいとは　ながくて　ほそかったけど、私のはみじかくて　ほそくなかったです。かなしかったです。
　　今日は　とても　楽しく　すごしました。

| けいと | wool (spun wool) | かなしい | sad (adj.) |
| 作りました | I/You made | すごします | I/You spend (time), pass (time) |

つみき新聞

日本について

日本のはたけと オーストラリアののうじょう

日本は はたけで やさいや くだものを 作ります。牛や 馬は ぼくじょうに いますが、羊は ほとんど いません。日本のはたけは あまり 大きくないです。ほとんど かぞくの人だけが はたけで しごとを します。ほかの人は はたけへ 行きません。でも、くだものの はたけでは みかんがりや りんごがりなどが できます。いくつかの ぼくじょうは 乗馬が できます。

オーストラリアでは はたけも ぼくじょうも farm (のうじょう) です。オーストラリアののうじょうは 大きいです。パイナップルや さとうの プランテーションが あります。そして、多くの人が はたらいています。牛や 羊の のうじょうは いろいろな人が 行きます。farmのしごとや 勉強が できます。バーベキューや しゅくはくも できます。

シベリアから ほっかいどうへ

今年も シベリアから ほっかいどうへ つるが とんできました。みなさんは つるを 知っていますか。白くて 大きいです。くちばしは ピンクです。足は ながくて ほそいです。つるは まい年 あきに シベリアから 日本に 来ます。そして、はるに シベリアに かえります。シベリアのふゆは とても さむくて、食べ物が ありません。でも、日本のなつは あついです。つるは むかしから 日本のなつは あついです。でも 今 つるが すくないですから、くにが つるを ほごしています。つるは まい午 おなじところに 来ます。ほっかいどうの くしろしつげんが ゆうめいです。つるは なつには しつげんに いませんが、ふゆには とんできます。だから、くしろしつげんでは ふゆに まい日 つるを かんさつします。ふゆに ゆきが ふる日 ほっかいどうは ふゆに ゆきが ふります。つるも ゆきも 白いですから、とても きれいです。

あきに	in autumn	ところ	place
いくつかの	some	とんできました	came flying
多くの人	many people	はる	spring
おめでたい	good luck, congratulations	プランテーション	plantation
かんさつします	I/You observe, watch	ほかの人	other people
くしろしつげん	Kushiro marshes	ほごしています	... is protecting
くに	country	ほとんど	almost
さとう	sugar	まい年	every year
しつげん	marshes	みかんがり	mandarin tasting
しごとを します	I/You work	むかしから	since long ago
シベリア	Siberia	やさい	vegetables
しゅくはく	stay	りんごがり	apple tasting
つる	crane		

I2 若者について

かぶとむしと くわがた

かぶとむしと くわがたは とても 人気が あります。よく 男の子が なつやすみに もりや はやしに とりに 行きます。そして 家で かいます。20〜30年前 かぶとむしも くわがたも たくさん いました。でも、今 もりや はやしが すくないですから、かぶとむしも くわがたも すくないです。そして、よく 店や インターネットで うっています。

うっています	I/You are selling	とりに 行きます	I/You go and collect
かいます	I/You keep	はやし	forest (plain)
かぶとむし	beetle	もり	forest (mountain)
くわがた	stag beetle		

I3 日本語について

えんそく

中学生や 高校生は こうえんや やまなどへ えんそくに 行きます。「えんそく」は かんじで 「遠足」です。「遠」のいみは 「とおい」です。「足」は 「あし」です。そして、「遠足」は 「とおくまで あるきます」のいみです。だから えんそくの日は みんな たくさん あるきます。やまのぼりのえんそくも 多いです。

やま	mountain	やまのぼり	mountain climbing
いみ	meaning		

J チェックしましょう

Can you draw the following aliens?

a 私は あたまが 大きくて、目が 小さくて 赤いエイリアンです。
b 私は あたまが 一つ、足が 四本、しっぽが 二本、はなが 二つです。
　足は 青くて、しっぽは 茶色くて、あたまが 白いエイリアンです。
c からだが すごく 小さいエイリアンです。
　からだが 青くて、足と 手が き色です。
d 私は あたまが よくて とても やさしいエイリアンです。いつも 本を 読んでいます。あたまが ピンク色ですが からだは 白いです。
e 私は からだが 大きくて 強いです。人に にていますが 目が 大きくて オレンジ色です。

… にています　I/You resemble …

9 さよなら パーティー
Sayonara party

Outcomes

By the end of this unit students should be able to:
- give instructions
- make requests and seek permission
- engage in collaborative teamwork with peers
- deliver short speeches of thanks
- prepare a sayonara party

A1　話しましょう

Andrew, Michael and Jenny, are talking with Yuki, Yoko and Sho about the sayonara party they are holding on Friday.

金よう日のごご　日本の学生の　さよならパーティーをひらきます。
何を　しましょうか。

かんたんで　楽しい　オーストラリアのうたを　うたいましょう。

ゲームを　しましょう。

作りかたが　とくべつな　ビリーティーを　飲みましょう。

ビリーティー？

しょうくん、ビリーティーを　知っていますか。

いいえ。

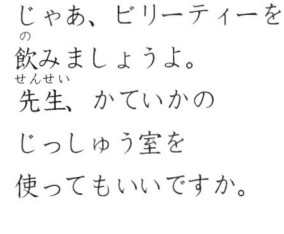

じゃあ、ビリーティーを　飲みましょうよ。
先生、かていかの　じっしゅう室を　使ってもいいですか。

ひらきます	I/You hold a (party)	作りかた	how to make
かんたん（な）	simple	とくべつ（な）	special
うた	song	ビリーティー	billy tea
うたいます	I/You sing		

Unit 9　121

ほか	other	しかい	chairperson, master of ceremonies
じゅんびします	I/You prepare	そうべつ会	farewell party, send-off
じゅんびして	～て form of じゅんびします		

Tsumiki 2

スピーチ	speech
いろいろ お世話に なりました	I/We appreciate the many ways in which you have cared for us
アンザックビスケット	Anzac biscuit
手伝います	I/You help
手伝って	～て form of 手伝います
にんばおり	name of a game

A2 話しましょう

At Green Bay High, Mariana and the other students are getting ready for the lunchtime party being held as a farewell to the Japanese students.

Key words	
1	preparation
2	～て form of かざります I/You decorate
3	I/You fall
4	a traditional Japanese dance
5	gesture, movement
6	please
7	because (there are)
8	～て form of はこびます I/You carry, convey, transport
9	～て form of きります, I/You cut
10	Please start
11	so, then
12	drama
13	title, topic, theme
14	incident, event
15	kiwi juice
16	～て form of おどります I/You dance
17	lastly
18	North Senior High
19	I/You give
20	you must not listen
21	final greetings

先生：　みなさん、そうべつかいの **じゅんび**¹は　どうですか。
マリアナ：あ、先生。今　教室を　**かざって**²います。
先生：　きれいで　いいですね。しんごくん、あぶないです。
　　　　おちます³よ。

ピーター：先生、**ぼんおどり**⁴を　してもいいですか。
　　　　ともこさんが　**ふり**⁵が　ゆうめいなぼんおどりを　僕たちに　教えます。
先生：　いいですよ。じゃ、ともこさん、**おねがいします**⁶。
　　　　ビスケットと　ジュースが　**ありますから**⁷、おさらを　持ってきましょう。
　　　　ジェインさん、ピーターくん、**はこんで**⁸ください。
マリアナ：くだものも　あります。きりたいですけど、ここで　**きって**⁹もいいですか。
先生：　いいえ、この教室で　きっては　だめです。しょくいん室で
　　　　きってください。マリアナさん、手伝ってください。

先生：　みんな　いますか。じゃ、**はじめてください**¹⁰。
マリアナ：**それでは**¹¹、そうべつかいを　はじめます。
　　　　まず、みじかい**ドラマ**¹²を　見てください。
　　　　だい¹³は　sheep station の**できごと**¹⁴です。

マリアナ：ありがとうございました。
　　　　キウイジュース¹⁵と　好きなおかしを　どうぞ。
　　　　つぎは　ぼんおどりです。ともこさん、カイリーさん、どうぞ。
ともこ：　みなさん、いっしょに　**おどって**¹⁶ください。
カイリー：ピーターくん、おん楽を　おねがいします。

マリアナ：**さいごに**¹⁷　私たちから　**きた高校**¹⁸の　みなさんに　プレゼントを
　　　　わたします¹⁹。
NZの学生：どうぞ。
日本の学生：どうも　ありがとう。
ともこ：　私たちも　みなさんに　プレゼントを　わたしたいです。
NZの学生：ほんとう？
日本の学生：はい。どうぞ。
NZの学生：うわあ、ありがとうございます。
ジョン：　あ、CDです。聞きましょう。
先生：　今　**聞いては　いけません**²⁰。
　　　　あとで　聞いてください。
　　　　マリアナさん、**おわりのあいさつ**²¹を　してください。
マリアナ：はい。みなさん　今日は　ありがとうございました。きた高校のみなさん、
　　　　お元気で。

Unit 9　125

B 漢字を 書きましょう

81 飲 drink

You will remember that the first radical on its own means 'to eat'. By adding the second radical (a now very obscure sketch of a person drinking from a straw), the meaning becomes to **drink**.

12かく

- くん　の(む)
- おん　いん
- れい　飲む to drink
　　　　飲み物 (a) drink

82 会 meeting

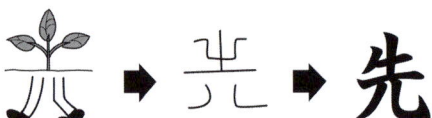

The top three lines, as in kanji 36, 今, are symbolic of a **meeting** or gathering. The lower part shows a stone stool on which people sit to have a **meeting**.

6かく

- くん　あ(う)
- おん　え、かい
- れい　会う to meet
　　　　会話 conversation

83 先 previous, ahead

先 combines plants (indicating life and growth) and legs (used to move forward or to get ahead). 'Teacher' (先生) is a person who will help you get **ahead** in life.

6かく

- くん　さき
- おん　せん
- れい　先生 teacher
　　　　先日 the other day

84 分 understand, division, part, portion, minute

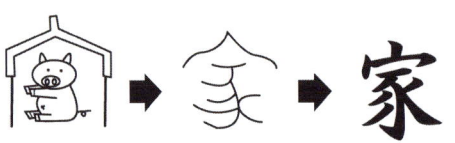

A stick is **divided** into two parts by a sword. Time is divided into **minutes**. It is easier to **understand** something if it is broken up into smaller **parts** or bits of information.

4かく

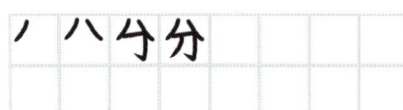

- くん　わ(ける)
- おん　ぶん、ふん、ぶ
- れい　分 minute
　　　　分かる to understand

85 家 house

In early times in China, pigs were domesticated animals that lived inside the **house**. (In rural Japan, too, animals occupied the outer areas of a **house**).

10かく

- くん　いえ、や
- おん　か、け
- れい　家ぞく family
　　　　家 house

86 帰 return

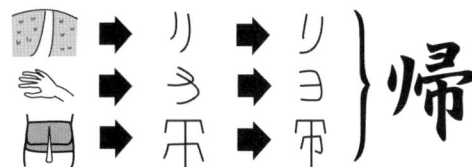

The hand indicates the signal to **come home**. On **returning** home, we go back down the road and the host would then see their guest's obi at the back of their kimono.

10かく

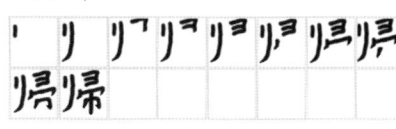

- くん　かえ(る)
- おん　き
- れい　帰る to return

87 伝 transmit, hand over, legend

A sketch of a person and a building are shown in this kanji. When you want to **transmit** or **hand over** something you generally have to go to a place or building to do so.

6かく

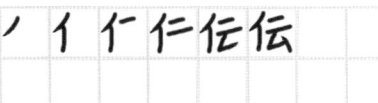

- くん　つた(える)
- おん　でん
- れい　伝える to transmit, to hand down

88 上 above, top

The plant is growing **above** the ground and the flower is at the **top** of the stem.

3かく

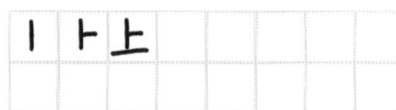

- くん　うえ、あ(げる)
　　　のぼ(る)、かみ
- おん　じょう、しょう
- れい　上 on top of, 上手 skilful

89 世 world, generation

Three tens make thirty. Thirty years was the norm for one **generation** in olden times.

5かく

- くん　よ
- おん　せ、せい
- れい　この世 this world
　　　世界 world, 世話 care

90 持 hold, have

The first radical shows a hand (which can **hold** something). The second part is the kanji for 'temple'. This was the place where goods were measured in order to see how much wealth you **had**.

9かく

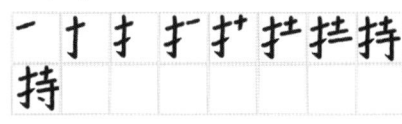

- くん　も(つ)
- おん　じ
- れい　持つ to hold
　　　持って来る to bring

Unit 9

C1 覚えましょう
You are not allowed to ...

In the dialogues you would have seen how useful the ~て form of the verb was. By now, you may have worked out that there is a pattern to the formation of the ending depending on whether the verbs are categorised as group one, two or three. This pattern is explained in **BLM 47**. Sentence pattern 36 shows more uses of the ~て form.

36 Sentence pattern

Q	今 CDを 聞いてもいいですか。	May we listen to the CD now?
A1	いいえ、今 聞いては いけません。ちょっと 待ってください。	No, you must not listen to it now. Please wait a bit.
A2	いいえ、聞いては だめです。	No, you are not allowed to listen (to it).
A3	いいえ、だめです。	No, don't! (I disapprove.)

  だめ is heard frequently in conversations with young people. Parents use it to correct the behaviour of their children, and teenagers use it to express disapproval. It can be used by itself or in combination with the ~て form.

C2

I/You will ...		~て form	You are not allowed to ...	You are not to ...
Group 1 verbs				
Hold (a party)	ひらきます	ひらいて	ひらいては いけません	ひらいては だめです
Write	かきます	かいて	かいては いけません	かいては だめです
Go	いきます	いって*	いっては いけません	いっては だめです
Speak	はなします	はなして	はなしては いけません	はなしては だめです
Wait	まちます	まって	まっては いけません	まっては だめです
Read	よみます	よんで	よんでは いけません	よんでは だめです
Dance	おどります	おどって	おどっては いけません	おどっては だめです
Enter	はいります	はいって	はいっては いけません	はいっては だめです
Return	かえります	かえって	かえっては いけません	かえっては だめです
Finish	おわります	おわって	おわっては いけません	おわっては だめです
Carry, convey	はこびます	はこんで	はこんでは いけません	はこんでは だめです
Meet	あいます	あって	あっては いけません	あっては だめです
Sing	うたいます	うたって	うたっては いけません	うたっては だめです
Use	つかいます	つかって	つかっては いけません	つかっては だめです
Group 2 verbs				
Teach	おしえます	おしえて	おしえては いけません	おしえては だめです
Start	はじめます	はじめて	はじめては いけません	はじめては だめです
Group 3 verbs				
Come	きます	きて	きては いけません	きては だめです
Do	します	して	しては いけません	しては だめです

* Note: the ~て form of いきます is irregular

Tsumiki 2

C3 練習しましょう

What must the people *not* do?

1 じゅぎょう中 話しては いけません。
2 ここで はしっては だめです。
3 ここで はしっては いけません。
4 犬に えさを やっては いけません。
5 ビデオカメラに さわっては いけません。
6 おたんじょう日に きくのはなを おくっては だめです。

さわって 〜て form of さわります I/You touch
きく chrysanthemum
おくって 〜て form of おくります I/You send

D1 覚えましょう

... and ... and ...

In the previous sentence pattern and in patterns 30 and 31, you saw how important the 〜て form was in expressing certain ideas. You have been using it since the beginning of your Japanese course in numerous ways (but you didn't have the grammatical details explained at the time). For some time, you have been using sentences such as:

1 とうきょうに すんでいます。　　〜て form of すみます (am liv**ing**)
2 ぎんこうで はたらいています。　　〜て form of はたらきます (am work**ing**)
3 いもうとを 動物えんへ つれて行きます。　〜て form of つれます (go accompany**ing**)
4 うにを 食べてみてください。　　〜て form of 食べます (Please try it)
5 家まで あるいて行きました。　　〜て form of あるきます (went walk**ing**)

In these cases, the 〜て form meant either 'and' or '...ing'. In Sentence pattern 37, the 〜て form joins two different actions and it is used, therefore, to explain that you did this and you did that. This is very similar to the pattern used to connect two true adjectives.

37 Sentence pattern

a　メールを 書いて テキストも おくってください。
　Please write me an email **and** send me a text (message).

b　マリアナさんは 日本へ 行って 日本語を 勉強しました。
　Mariana went to Japan **and** studied Japanese.

c　ビリーティーを 飲んでみてください。
　Please drink the billy tea **and** see (what it tastes like).

In example (a) the 〜て form means 'and' and it links two parts of the sentence. Example (b) shows that even though the activity or sentence is in the past tense, the 〜て form is still used to link the two parts of the sentence. Example (c) demonstrates how two verbs can be joined together by the 〜て form. In Japanese this merger joins two activities (drinking and trying).

D2 練習しましょう

How would we express the following ideas in English?
1. まえさんは　ミートパイを　食べて　ボノクスを　飲みます。
2. 羊を　見て　牛のちちしぼりを　しました。
3. ぼくじょうに　行って　動物を　見て　あひるに　えさを　やりました。
4. ふるい家(いえ)まで　あるいて　行って　ふるい物を　見ました。それから、馬に　乗って　あそんで　あるいて　帰(かえ)りました。
5. このセーターは　いいですね。きてみます。
6. 六時に　おきて　じゅんびを　してください。

E1 覚えましょう

Do you know ...?

When organising farewell parties with your Japanese friends, you may need to ask if they know something. Or you may need to say that you don't know something yourself. Study the following sentence pattern using the verb 'know', 知ります。

38 Sentence pattern

Q	ぼんおどりを　知っていますか。	Do you know the Bon Dance?
A1	いいえ、知りません。	No, I don't know it.
A2	いいえ、知りません。私に　教えてください。	No, I don't know it. Please teach me.

 Because knowing something is a continuous action in the present tense, 知っています must be used. On the other hand, if you don't know something, the continuous (or ... て＋います) form of the verb is not used because there is no continuous action of 'know**ing**' involved.

E2 練習しましょう

Can you work out the meanings of each of these conversations overheard at the sayonara party?

- その人を 知っていますか。
- いいえ、知りません。
- ににんばおりを 知っていますか。
- はい、知っています。
- かぶきを 知っていますか。
- ぼくじょうで しげきくんは いけに おちました。このことを 知っていましたか。
- いいえ、知りません。
- 日本語の先生を 知っていますか。
- はい、知っています。いとう先生です。
- いいえ、知りませんでした。だいじょうぶでしたか。

F1 覚えましょう

Just as you can make the 'continuative' form of true adjectives and verbs, so, too, quasi adjectives and nouns can be linked to other words or phrases.

39 Sentence pattern

a いまもとさんは しんせつで フレンドリーで おおらかな女の人です。
Mrs Imamoto is a kind and friendly and generous woman.

b その家(いえ)は いつも きれいで 子どもさんも (ご)りょうしんも よく いっしょに にわのしごとを していました。
That house was always clean and both the children and parents were often doing the gardening together.

c 私は たっきゅうが 大好きで よく ともだちと します。
I love table tennis and I often play (it) with my friends.

d だいすけくんは 今 高校三年生で 四月に そつぎょうします。
Daisuke is now in third year of senior high school and he will graduate in April.

 説明　The polite ending of a noun or quasi adjective is です. So it is easy to remember that its continuative form is で.

In examples (a)–(d) で means 'and'.
In each case, で is short for です.

| フレンドリー(な) | friendly | (ご)りょうしん | parents |
| おおらか(な) | generous | | |

Unit 9　131

 練習しましょう

How are the following sentences expressed in English?
1. 私の日本語の先生は　すごく　フレンドリーで　えい語が　上手な人です。
2. お父さんは　45才で　けんちく家です。
3. ねこは　いつも　きれいで　ねむそうですね。
4. あの人は　ゆうめいで　おばあさんの家のとなりに　すんでいます。
5. かのじょの名前は　えみで　15才です。
6. おにいさんは　いつも　元気で　スポーツを　しています。

> ねむそう　　looks sleepy

 覚えましょう

A person who is ...

By now you have probably guessed how you can make an adjectival phrase with a quasi adjective. (You would have seen one used in Unit 8 Task 9 of your *Tsumiki Workbook*.)

40 Sentence pattern

ラグビーが　上手な人を　知っていますか。　Do you know a person **who is a good rugby player?**

説明　The ideas in this sentence could have been written as two sentences:

人は　**ラグビーが　上手**です。　　　The person is good at rugby.
人を　知っていますか。　　　　　　Do you know the person?

Simply take the descriptive part (highlighted part) of the first sentence and use it just like any quasi adjective. Put it in front of the noun that is being described and add な.

 練習しましょう

How would you say these sentences in English?
1. からてが　上手な人を　知っていますか。
2. ピアノが　へたなえみさんは　今　ギターを　ならっていますか。
3. 乗馬が　上手なおにいさんは　いつも　馬に　乗っています。
4. 目が　きれいな女の子は　いもうとです。
5. 耳が　へんな牛は　元気じゃないです。
6. オーボエが　上手なせいとは　おん楽の先生のむすこさんです。
7. ベジマイトが　好きな日本人を　知っていますか。
8. すう学が　きらいなせいとは　多いですか。

> むすこさん　　someone's son

G3 Look at the patterns used in these sentences. Can you work out what they mean?

1. 目が　青い女の子を　覚えていますか。
2. かみのけが　きれいな女の人は　ファッションモデルです。
3. くちばしが　へんなとりは　ペリカンです。
4. はねが　きれいなとりは　私のです。
5. あたまが　いい生とは　大学に　入ります。
6. テニスか　たっきゅうが　上手な人を　知りません。

かみのけ　hair　　　　　　　　　か　or

H　べんりなことば

A word of advice when wanting help – 気を　つけて！ Make sure you use the right expression.

たすけて！　　Save me!
手伝って！　　Help me! (Give me a hand.)

たすける means 'to help (someone) do (something)' but it also means 'to help' on a much bigger scale, in the sense of 'to save' or 'to rescue'. 手伝う means 'to help' but it implies giving someone a hand or to help someone do whatever it is they are doing. Hence, if you were drowning, you would call out たすけて！ Don't expect much help if you yell out 手伝って！

I1 伝えましょう

Following Miho's visit to Green Bay High, Tanya sent her this email.

> みほさん
>
> ニュージーランドのせいかつは　どうでしたか。楽しかったですか。
>
> 私は　まい日　みほさんと　日本語を　話しました。みほさん、私の日本語は　上手に　なりましたか。じゅぎょうのあとで　よく　アイスクリームを　食べに　行きましたね。それから　買い物にも　行きました。みほさんと　おなじスカートを　買いましたね。私は　おねえさんや　いもうとが　いませんから、とても　楽しかったです。りょうりが　上手なみほさんは　ときどき　日本のたまごやきを　作りました。おいしかったです。私も　たまごやきを　作りたかったから、みほさんを　手伝いました。でも、私のは　おいしくないです。もう一ど　レシピを　教えてください。ほんとうに　楽しかったです。また、けしきが　きれいなニュージーランドに　来てください。
>
> ターニャ

| りょうり | cooking | けしき | scenery |
| レシピ | recipe | | |

I2 伝えましょう

Luke sent an email to Tsuyoshi. What were the highlights of Tsuyoshi's visit?

> つよしくん
>
> 二しゅうかんは　とても　みじかかったです。きのう　つよしくんは　日本に　帰りました。とても　さびしいです。つよしくんは　何が　一番　楽しかったですか。僕は　キャンプが　一番　楽しかったです。つよしくんと　家ぞくと　いっしょに　キャンプに　行きましたね。犬のグレッグも　いっしょでした。僕たちは　いろいろなむしを　とりました。つよしくんは　むしの名前を　よく　知っていました。すごい!!
>
> つよしくんは　えい語が　上手でした。でも、僕の日本語は　まだまだです。えい語が　とくいなつよしくんが　うらやましいです。もっと　日本語を　勉強して　日本に　行きたいです。つよしくん、日本で　つよしくんの家に　行ってもいいですか。
>
> また、メールを　ください。
>
> じゃあ、また。
>
> ルーク

| 二しゅうかん | two weeks | とくい（な） | forte, strong point |
| とります | I/You capture, eradicate, get, trap | | |

J1 つみき新聞　若者について

おこづかい

まい月、お母さんは 子どもに おこづかいを あげます。中学生は 二千七百円くらい、高校生は 六千三百円くらいです。

でも、コンピュータゲームや ゆうめいな スニーカーや いいようふくは もっと 高いです。高い物は お父さんや お母さんが 買います。また、お年だまで 買います。お年だまは おしょう月に おじいさんや おばあさんや しんせきの 人 などが 子どもに あげます。

高校生は アルバイトも します。でも、中学生も 高校生も けいたいでんわの お金は あまり はらいません。お父さんと お母さんが はらいます。勉強の 本や じしょなども はらいません。お父さんや お母さんが 買います。

おこづかい	pocket money	はらいます	I/You pay
お年だま	New Year's gift	まい月	every month
しんせき	relatives	まご	grandchild

J2 つみき新聞　日本語について

すみません

「すみません」は ときどき むずかしいです。「ありがとう」の いみと 「ごめんなさい」の いみが あります。たとえば

1. あなたは でんしゃの 中で すわっています。あるえきで おばあさんが でんしゃに 乗ります。でんしゃは こんでいますから、おばあさんは たっています。あなたは おばあさんに 「どうぞ すわってください。」と いいます。おばあさんは あなたに 「どうも すみません。」と いいます。これは 「どうも ありがとう」の いみです。

2. 日本語の 先生は きのう みんなに 「あした さくぶんを はっぴょうしてください。」と いいました。でも、あなたは さくぶんを 書きませんでした。今日 あなたは 先生に 「すみません。しゅくだいを わすれました。」と いいます。これは 「ごめんなさい」の いみです。

| あるえき | a certain station | たとえば | for example |
| さくぶん | essay | はっぴょう | presentation |

J3 日本について

おくり物

日本人は よく おくり物を します。学生は ともだちに たんじょう日の プレゼントや りょこうのおみやげを あげますが、かいしゃいんは 7月と 12月に かいしゃのボスに おくり物を します。「かいしゃで いつも お世話になっています。これからも よろしく おねがいします。」の いみです。おくり物の ラッピングも たいせつです。ゆうめいなデパートのラッピングペーパーは 人気が あります。だから、7月と12月に デパートは とても こんでいます。りょこうのおみやげも かいしゃに 持って行きますが、おなじセクションのみんなに あげます。家ぞく、しんせき、ときどき となりの家の人にも あげます。おくり物は かんしゃの気持ちです。

おくり物	gift, present	こんでいます	is crowded
かんしゃの気持ち	expression of gratitude	たいせつ（な）	important
これからも よろしく おねがいします	I ask the same (help) from you now as you've given (in the past)	となり	next door
		りょこう	travel

K チェックしましょう

Respond to each of these comments, questions or instructions, demonstrating that you know what the speaker said, using the example as a guide.

例: ここで 食べては いけません。
答え: あ、すみません。木のしたで 食べてもいいですか。

1 としょかんの中で 話しては いけません。
2 このコンピュータを 使ってもいいですか。
3 このうたを うたってもいいですか。
4 そのTシャツを きてみてもいいですか。
5 ベランダで 食べては だめです。
6 今 何を 勉強していますか。
7 そうべつ会を ひらきましょうか。
8 いつから クリスマスのじゅんびを しますか。
9 今 テレビを 見ては だめです。
10 日よう日に ぎんざは こんでいましたね。
11 手伝ってください。
12 あたまが いたいです。くすりが ありますか。

くすり	medicine

10 意見(いけん)
Upon reflection

Outcomes

By the end of this unit students should be able to:
- provide direct quotes
- give opinions
- explain experiences
- provide descriptions of people and events
- maintain extended conversations

A1 話しましょう

The teacher at Green Bay High has asked the class to comment on their observations of Japanese customs and habits or things they learnt about Japanese, based on their recent experience of hosting a Japanese student. Have you ever observed similar characteristics or behaviours?

しゅうかん	custom, habit
せいしつ	nature, disposition
さくぶん	essay, composition
はっぴょうします	I/You present, announce, publish, release
30こ	30 pieces
ぐらい/くらい	about
しんせき	relation, relatives
となりの家の人	next door neighbours
いっしょうけんめい	through hard work, earnestly
いじょうです	that's all

Unit 10 137

ビーフジャーキー	beef jerky	スーパー	supermarket
マカダミアナッツ	macadamia nuts	カート	(supermarket) trolley
キーホルダー	key holder	入れてもいいです	you may put in (it's okay to put in …)
りょこう	travel, trip, journey	… と 言います	He/She says …
あげます	I/You give		
つぎ	next		

それから、私のかぞくとあきこさんは かいてんずしの店に行きました。私は あきこさんに「好きなすしを 食べてください。」と言いました。あきこさんは「はい。」と言いましたが、あまり食べませんでした。あきこさんはとても はずかしがりやでした。いじょうです。

ジェインさん、どうも ありがとう。

先生、私も まなさんとすしを 食べに 行きました。まなさんも あまり すしを食べませんでした。

そうですか。まなさんは すしがきらいでしたか。

いいえ。まなさんは「すしが 好きです。食べたいです。」と言いました。

あきこさんも まなさんもえんりょを していましたね。

でも、私達はとても いい友達です。

私も あきこさんと友達です。友達ですが、えんりょを しますか。

エミリーさんも ジェインさんもお父さんと お母さんと いっしょにすしを 食べに 行きましたね。だから、あきこさんも まなさんもえんりょを していました。

僕は すしが好きですから、えんりょを しません。

私も！！

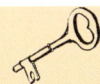

| はずかしがりや | a shy, bashful, coy person (used when referring to someone else) | えんりょ
えんりょを しています | reserve, reticence
He/She is reserved, reticent |

Unit 10

A2 話しましょう

At Manly High, the Japanese teacher is talking with the students about the experiences they have had over the last couple of weeks as they hosted a visiting group of Japanese students. Their experiences have been varied but it seems they all had a great time.

1 West Senior High

先生： 皆さん、にし高校¹の皆さんは きのう 日本に 帰りました。二週間 どうでしたか。

アンドルー： とても 楽しかったですが、今 さびしいです。二週間は みじかかったです。

先生： マイケルくんのかぞくは しょうくんの ホストファミリーでしたね。どうでしたか。

マイケル： とても よかったです。家で しょうくんのバースデーパーティーを しました。

先生： よかったですね。

2 a lot, much (adv.)

マイケル： しょうくんと 日本語を たくさん² 話しました。

先生： 日本語は 上手に なりましたか。

3 only a little

マイケル： うーん、ちょっと だけ³。

オリビア： 私のかぞくは ようこさんのホストファミリーでしたけど、ようこさんは 英語が 上手でした。

4 I am/You are remembering (I remember!)

ルーク： 僕は 覚えています⁴。ようこさんは よく 学校で 英語を 話しました。

先生： じゃあ、オリビアさんは 日本語を あまり 話しませんでしたか。

オリビア： 家で よく 英語を 話しました。でも、学校で ゆきさんや けんじくんと いつも 日本語を 話しました。

先生： それは よかったですね。けんじくんのホストファミリーは …。

ハッサン： 僕のかぞくです。けんじくんは 英語が 上手じゃなかったですから、僕は いつも 日本語を 話しました。とても つかれました。

ルーク： たけしくんも 英語が 分かりませんでしたから、僕は いつも 日本語を 話しました。おみやげの店で 僕は たいへんでした。

先生： 何が たいへんでしたか。

5 once more, one more time

ルーク： まず、たけしくんと 日本語を 話しました。そして 店の人と 英語を 話しました。もう一かい⁵ たけしくんと 日本語、それから 店の人と 英語、日本語、英語、日本語、英語 …。

先生： それは たいへんでしたね。でも、いいけいけんを しましたね。

アンドルー： 僕は もっと 日本語を 話したかったです。でも、つよしくんは 英語を 話したかったです。

先生： それは ざんねんでしたね。

6 autumn
7 during the holidays

アンドルー： 僕は もう一かい 日本へ 行きたいです。そして もっと 日本語を 話したいです。先生、来年のあき⁶の休みの間⁷に 二、三週間 日本へ つれて 行きますか。

先生： そうですね。いいアイデアですね。

B 漢字を　書きましょう

91 言 say

When people **speak**, they use their heart and their mouth.

7かく

くん	い(う)、こと
おん	げん、ごん
れい	言う to speak 言ば words

92 友 friend

The two close hands symbolise **friends** helping each other.

4かく

くん	とも
おん	ゆう
れい	友達 friend

93 達 arrive, attain

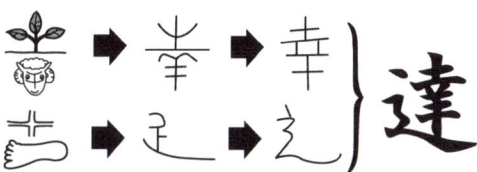

To **attain** success in life, one should have an appreciation of nature (both plants and animals) and should always follow the correct path. (A good friend always helps us **attain** our goals.)

12かく

くん	
おん	たつ、(たち)
れい	達人 expert 友達 friend

94 週 week

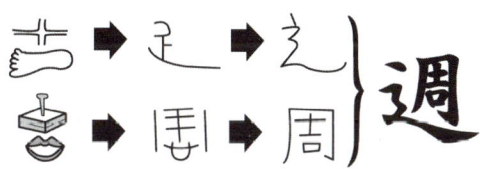

It would take about a **week** to pass on a message (by word of mouth) or to send something (represented by the wood and nail) by a courier (who used roads).

11かく

くん	
おん	しゅう
れい	一週間 one week 毎週 every week

95 間 period of time, interval

A **period of time** is measured by noting the position of the sun as it rises higher between the screen door or gates.

12かく

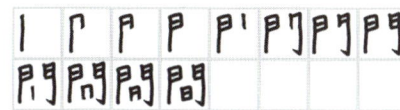

くん	あいだ、ま
おん	かん、けん
れい	間 during 時間 hour, time

Unit 10

96 休
rest, holiday

Can you see the man with a hat on his head **resting** under the shade of a tree? Over time, the character for 'man' has moved so that it is now next to the tree rather than under it.

6かく

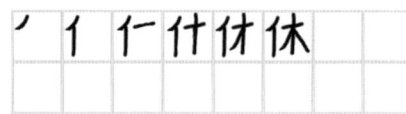

くん　やす(む)
おん　きゅう
れい　休む to rest, have a holiday

---

97 答
answer

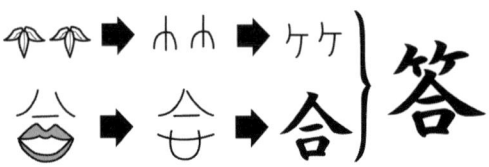

If we know the **answers**, we are growing in knowledge, as represented by a healthy bamboo plant. Beneath the bamboo is the kanji for 'fit, suit'. An **answer** is something that suits the question.

12かく

くん　こた(え)、こた(える)
おん　とう
れい　口答 oral response
　　　答え response, answer

---

98 英
superior, talented, England

The plants shown here are of **superior** quality. The lower part shows a talented person. While neither part is directly related to '**England**', the sound えい was used to refer to **England**.

8かく

くん
おん　えい
れい　英語 English

---

99 皆
all, everyone

All or **everyone** is represented by two people and me (the nose).

9かく

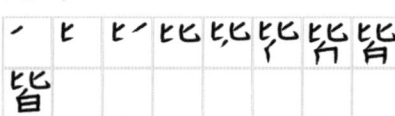

くん　みな、みんな
おん　かい
れい　皆さん everyone

---

100 下
under

The roots of a tree are **underneath** the ground.

3かく

くん　した、しも、もと、おろ(す)
おん　か、げ
れい　下 under, 下手 unskilled

C1 覚えましょう
Counting things in general

Mariana and Jane used yet another counting system when they wanted to explain how many things Hiroko and Akiko bought. こ means 'piece' and is used to count things in general.

> **41 Sentence pattern**
>
> **a** ひろこさんは　おみやげを　30こぐらい　買いました。
> Hiroko bought about 30 souvenirs.
>
> **b** ビーフジャーキーを　10こと　マカダミアナッツを　10こ　買いました。
> She bought 10 lots of beef jerky and 10 bags of macadamia nuts.

 Because こ can be used to count all sorts of things, it means a variety of things in English, depending on what is being counted. As in the case of many of the counters, it is not simply a number plus こ. The sound changes for a few of the numbers, namely anything with 1, 6, 8 or 10 in it.

1	いっこ	一こ	6	ろっこ	六こ
2	にこ	二こ	7	ななこ	七こ
3	さんこ	三こ	8	はちこ／はっこ	八こ
4	よんこ	四こ	9	きゅうこ	九こ
5	ごこ	五こ	10	じっこ／じゅっこ	十こ

C2 練習しましょう

What do the following sentences mean?

1　ニュージーランドのおみやげを　16こ　買いました。　かのじょの友達に
　あげます。

2　しんごくんは　キーホルダーを　10こと　ペンセットを　5こと
　マカダミアチョコレートを　12こ　買いました。

3　私は　すしが　好きですから、たくさん　食べました。8こぐらい　食べました。

4　たけしくんは　いろいろなおみやげを　買いましたけど、ビーフジャーキーを　40こ
　買いました。びっくりしました。

5　あきこさんは　すしが　好きですが、えんりょを　していましたから、4こだけ
　食べました。

6　ニュージーランドのチョコレートを　8こ　買いました。いもうとと　おとうとに
　あげます。

7　シティーのモールで　小さいコアラのぬいぐるみを　3こ　買いたいです。

8　お金が　ありませんでしたから、オペラハウスのマグネットを　1こだけ　買いました。

D1 覚えましょう
Quoting

Being able to quote what people have said is both easy and very useful.

> **42 Sentence pattern**
>
> a 私が あきこさんに「好きなすしを 食べてください。」と 言いました。
> I **said** to Akiko 'Please eat (any) sushi you like.'
>
> b あきこさんは 私に「はい、ありがとうございます。」と 答えました。
> Akiko **replied** (to me) 'Yes, thank you very much.'
>
> c あきこさんは 私に「うにが 好きですか。」と 聞きました。
> Akiko **asked** me 'Do you like sea urchin?'

 Notice the use of meaning markers が, は, に and と in this pattern.
You have already been using a pattern very similar to this one in sentences such as:
日本語で 何と 言いますか。 What is it called in Japanese?

D2 練習しましょう

Who said what to whom in these sentences or dialogues?

1. お母さんが しんごくんに
「どうぞ、ごゆっくり。」と 言いました。

2. しんごくんが おにいさんに
「オーストラリアに 大きいデパートが
ありますか。」と 聞きました。おにいさんは
「はい、もちろん。」と 答えました。

3. ハッサンくんが けんじくんに
「ストロベリーシェークは おいしいですね。」と
言いました。けんじくんは
「うん、ちょっと あまいですね。」と
答えました。皆は びっくりしました。

4. お父さんが まなさんに
「動物えんへ オーストラリアの動物を 見に
行きましょう。」と 言いました。

   まなさんは お父さんに
「はい、行きたいです。コアラや カンガルーを
見たいです。うれしいです。」と 言いました。

E1 覚えましょう
Length of time

When talking about how long you will spend doing something such as a trip overseas, the following pattern is useful.

43 Sentence pattern

Q1	しょうくんは　どのぐらい　マイケルさんの家に　たいざいしましたか。	How long did Sho stay with Michael?
A1	二週間（しゅうかん）　たいざいしました。	He stayed for two weeks.
Q2	そうべつ会は　どのくらい　かかりますか。	How long will the farewell party take?
A2	二時間くらい　かかります。	It will take about two hours.
Q3	どのくらい　日本に　いますか。	About how long will you be in Japan for?
A3	一年間（ねんかん）　日本に　います。	I'll be in Japan for one year.

 間 (pronounced かん when used as the counter in the above cases) means 'during' or 'period of time'.

'About' can be pronounced くらい or ぐらい.

～時間	Number of hours	～週間	Number of weeks	～年間	Number of years
一時間 (いちじかん)	one hour	一週間 (いっしゅうかん)	one week	一年間 (いちねんかん)	one year
二時間 (にじかん)	two hours	二週間 (にしゅうかん)	two weeks	二年間 (にねんかん)	two years
三時間 (さんじかん)	three hours	三週間 (さんしゅうかん)	three weeks	三年間 (さんねんかん)	three years
四時間 (よじかん)	four hours	四週間 (よんしゅうかん)	four weeks	四年間 (よねんかん)	four years
五時間 (ごじかん)	five hours	五週間 (ごしゅうかん)	five weeks	五年間 (ごねんかん)	five years
六時間 (ろくじかん)	six hours	六週間 (ろくしゅうかん)	six weeks	六年間 (ろくねんかん)	six years
七時間 (しちじかん)	seven hours	七週間 (ななしゅうかん)	seven weeks	七年間 (ななねんかん)	seven years
八時間 (はちじかん)	eight hours	八週間 (はっしゅうかん)	eight weeks	八年間 (はちねんかん)	eight years
九時間 (くじかん)	nine hours	九週間 (きゅうしゅうかん)	nine weeks	九年間 (きゅうねんかん)	nine years
十時間 (じゅうじかん)	ten hours	十週間 (じゅっしゅうかん)	ten weeks	十年間 (じゅうねんかん)	ten years
一～二時間 (いち にじかん)	one to two hours	二～三週間 (に さんしゅうかん)	two to three weeks	二～三年間 (に さんねんかん)	two to three years
一時間半 (いちじかんはん)	one and a half hours			一年半 (いちねんはん)	one and a half years

たいざいします	I/You stay (at a place), visit (a place)

E2 練習しましょう

What do the following sentences mean?

1. 来年　日本に　一年間ぐらい　たいざいしたいです。
2. お父さんは　三十五年間　おなじかいしゃで　はたらいています。
3. 私達は　びょうきのおばあさんの家を　一時間ぐらい　ほうもんしました。
4. お父さんと　お母さんと　一週間ぐらい　ブリスベンで　すごしました。
5. かんげい会は　みじかいです。一時間だけです。
6. しゅうがくりょこうは　今年は　一週間です。　おきなわへ　行きます。
7. シドニーから　とうきょうまで　九時間半ぐらい　かかります。
8. まい日　二時間ぐらい　コンピュータゲームを　します。
9. 家から　シティーまで　バスで　一時間半　かかります。
10. きのう　ばんごはんのあとで、三時間くらい　テレビを　見ました。
11. ディズニーランドは　おもしろかったです。五時間ぐらい　いました。
12. マリアナさんは　六年間　ピアノを　ならっています。
13. 中学校で　三年間　フランス語を　ならいました。でも　へたです。

… を　ほうもんします	I/You call on, visit, pay a visit to …
かんげい会	welcome party
おきなわ	Japan's most southern prefecture consisting of a group of islands, one of which is Okinawa Island

E3 覚えましょう

A similar pattern can be used to indicate other lengths of time.

44 Sentence pattern

Q1 どのぐらい　テーマパークに　いましたか。
For how long were you at the theme park?

A1 一日中(いちにちじゅう)　テーマパークに　いました。
I was at the theme park all day.

Q2 いつ　にし高校生は　マンリー・ハイ・スクールに　来ましたか。
When did the West Senior High students come to Manly High School?

A2 休(やす)みの　間(あいだ)に　来ました。
They came during the holidays.

 に is used in the examples shown when the activity does not take up the whole period of time given.

| どのぐらい … | How long …? |

E4 練習しましょう

Can you work out the meaning of these sentences?

1. 来週　しけんが　ありますから、今日は　一日中　勉強します。
2. しんせきが　私の家に　三週間ぐらい　たいざいします。
3. クリスマス休みの間に　おもしろい本を　たくさん　読みました。
4. なつ休みの間に　一週間　キャンプを　しました。
5. クリスマスの日のあとで　セールが　あります。ちかくのデパートで　一日中　買い物を　したいです。
6. なつ休みの間に　うみへ　およぎに　行って、ふゆ休みの間に　スキーに　行きます。

| クリスマス休みの間に | during the Christmas holidays | キャンプします | I/You camp |
| なつ休みの間に | during the summer holidays | ふゆ | winter |

F1 覚えましょう
Purpose

In dialogue A2, the characters expressed the *purpose* for their moving from one place to another by using meaning marker に as shown in Sentence pattern 7. Let's revisit this pattern and see how useful it is when talking about what you did during a homestay visit.

a	私は　レストランへ　すしを　食べに　行きました。	I went to the restaurant to eat sushi.
b	デパートへ　おみやげを　買いに　行きたかったです。	I wanted to go to the department store to buy souvenirs.
c	私達は　えいがを　見に　行きました。	We went to see a movie.

 Notice the other meaning markers used in the above sentences. In (a) and (b), the emphasis is on the fact that you are going to a restaurant or department store respectively. Therefore, meaning marker へ (to) is used. Only verbs いきます (go), きます (come), かえります (return), はいります (enter), and でます (leave) can be used as the final verbs in this pattern. In this pattern, に is preceded by the ~ます ending of a verb.

F2 練習しましょう

Can you work out the meanings of these sentences?

1. ようこさんと　えいがを　見に　行きたいですか。
2. いいおみやげを　さがしに　行きましょう。
3. こうえんへ　はなみを　しに　行きました。
4. としょかんへ　勉強しに　行きました。
5. ルークくんの家へ　コンピュータゲームを　しに　行きましょうか。
6. エミリーさんは　家へ　ひるごはんを　食べに　帰りました。
7. 教室へ　そうじを　しに　行ってください。
8. 休み中に　友達と　かわへ　つりに　行きます。

G 伝えましょう

にし高校から 12人の日本人の学生が 私達(わたしたち)の学校に 来ました。そして 二週間 オーストラリアで すごしました。私達は マンリー・ハイ・スクールのせいかつについて にし高校の皆(みな)さんに アンケートを とりました。

アンケート

1 じゅぎょうは どうでしたか。　　　　　人
   a とても 楽しかった。　　　3
   b 楽しかった。　　　　　　　3
   c まあまあ 楽しかった。　　4
   d あまり 楽しくなかった。　2

2 教室は どうでしたか。
   a とても きれいだった。　　　0
   b きれいだった。　　　　　　 2
   c まあまあ きれいだった。　　8
   d あまり きれいじゃなかった。2

3 タックショップの食べ物は どうでしたか。
   a とても おいしかった。　　2
   b おいしかった。　　　　　　3
   c まあまあ おいしかった。　6
   d あまり おいしくなかった。1

4 友達(ともだち)は しんせつでしたか。
   a とても しんせつだった。　　　6
   b しんせつだった。　　　　　　 5
   c まあまあ しんせつだった。　　1
   d あまり しんせつじゃなかった。0

5 先生は しんせつでしたか。
   a とても しんせつだった。　　　4
   b しんせつだった。　　　　　　 6
   c まあまあ しんせつだった。　　2
   d あまり しんせつじゃなかった。0

6 学校で 何が 一番楽しかったですか。
   a えんそく　　　　6
   b かんげいかい　　1
   c じゅぎょう　　　0
   d たいいく　　　　2
   e かていか　　　　2
   f ドラマ　　　　　1

7 学校で 何が こまりましたか。
   英語(えい)が とても むずかしかった。　6
   英語が むずかしかった。　　　　　　　 4
   休み時間 みじかかった。　　　　　　　 2
   食べ物が あまり おいしくなかった。　 1
   トイレが すくなかった。　　　　　　　 1

8 もう一かい 私達の学校に 来たいですか。
   はい　　10
   いいえ　 2
   りゆう： きれいじゃないから。
           ほかのくにに 行きたいから。

にし高校の皆さんは 友達が「(とても) しんせつだった。」と 答えました。じゅぎょう、教室、食べ物は「まあまあ」が 多かったです。そして、50%の人が「えんそくが 一番 楽しかった。」と 答えました。「学校で 何が こまりましたか。」のしつもんの答えは「英語が (とても) むずかしかった。」が 多かったです。でも、10人が「もう一かい 私達の学校に 来たい。」と 答えました。私達も もう一かい にし高校の皆さんに 会いたいです。

| こまります | I am/You are troubled, perplexed, confused | りゆう | reason |

つみき新聞 日本語について

つまらない物

日本人は いつも「つまらない物ですが、どうぞ」と言います。それから おみやげや おくり物を あげます。「つまらない物」の いみですが、ほんとうは おみやげや おくり物が「かちのない物」じゃ ありません。これは「けんそん」です。だから 日本人は 高い おくり物（たとえば 二万円の物）も「つまらない物」と よびます。

いみ	meaning	つまらない物	a valueless thing
かちのない物	a worthless thing	ほんとうは	the truth, reality
けんそん	modesty	よびます	I/You call (something)

つみき新聞 日本について

えんりょ

オーストラリア人は「日本人は はずかしがりやが 多い。」と言います。オーストラリアや ニュージーランドの皆さんが 日本人に「どうぞ 好きな物を 食べてください。」と言いますが、すぐには 食べません。皆さんは おもいます。「これは きらいな食べ物ですか？」いいえ、ちがいます。皆さん、もう一かい「どうぞ 食べてください。」と 言ってください。「食べたくないですか？」いいえ、食べます。これが「えんりょ」です。まいさんは えんりょを します。したしくない人には えんりょを しますが、したしい人には あまり えんりょを しません。

たとえば：まいさんは 大学に 入学します。まいさんの おじさんが おいわいを あげます。でも、まいさんは おじさんに あまり 会いません。おしょう月と おぼんにだけ おじさんに 会います。おじさん「まいさん、これは おいわいです。」まいさん「え？おいわい？いただいてもいいですか。」おじさん「はい。どうぞ。」まいさん「ほんとうに いいですか。」おじさん「もちろん。」まいさん「じゃあ、いただきます。」「うわあ、どうも ありがとう。いただきます。」「ありがとうございます。」

まいさんは すぐに「うわあ、どうも ありがとう。」と言いません。皆さんは 日本人に「どうぞ。どうぞ。」と言います。でも、まず 日本人は おもいます。「見てもいいですか。」「食べてもいいですか。」「飲んでもいいですか。」「えんりょ」は 日本ぶんかの 一つです。

いただきます	I/You receive	したしい	close, familiar (adj.)
えんりょなく	without reservation, don't be shy	したしくない人	people who are not close
		すぐに	immediately
おいわいを あげます	I/You give a congratulatory gift	大学に 入学します	I/You enter university
		ぶんか	culture

Unit 10

H₃ 若者について

ならいごと

ならいごとには　じゅく/かていきょうし、スポーツ（サッカー、やきゅう、すいえいなど）、おん楽（ピアノ、エレクトーンなど）、しょどう、そろばんなどが　あります。中学生と　高校生のならいごとは　じゅく/かていきょうしが　一番　人気が　あります。学校のじゅぎょうのあとで　または　土よう日や　日よう日に　じゅくで　1～3時間　勉強を　します。とくに　英語と　すう学を　よく　勉強します。なつ休みと　ふゆ休みも　じゅくに　行きます。じゅくのつぎは　おん楽のならいごとが　人気が　あります。女の子は　よく　ピアノを　ならいます。スポーツは　学校の　クラブかつどうで　れんしゅうします。

エレクトーン	electric keyboard	そろばん	abacus
かていきょうし	tutor, coach	とくに	especially
クラブかつどう	club activity	ならいごと	lessons (private tuition)
じゅく	cram school		

I チェックしましょう

Use each of the following Japanese words or expressions in sentences. In each case, use the word or phrase in 'direct speech', that is, you are quoting exactly what someone says or replies. Use the example as a guide. You might like to make your answer more interesting by adding a sentence or two before or after it to help explain the situation.

Example:
いただきます。
答え：日本人は　ばんごはんの前に「いただきます。」と　言います。

1　ごちそうさまでした。
2　はい。
3　レストランへ　すしを　食べに　行きましょうか。
4　どういたしまして。
5　だいじょうぶですか。
6　おみやげを　買いに　行きたいですか。
7　おすしが　好きですか。
8　おはようございます。
9　小さいコアラを　30こ　買いたいです。
10　よく　覚えていますね。
11　休み中に　オーストラリアに　行ってもいいですか。
12　二時間半ぐらい　家を　そうじしていました。つかれました。

せいとは「チーズ」と　言いました。

11 日本旅行の計画
Planning a trip to Japan

Outcomes
By the end of this unit you should be able to:
- identify places of interest and major tourist destinations
- talk about plans and intentions
- plan itineraries
- use informal speech

A1 話しましょう

 The students at Manly High discuss their plans for their school trip to Japan.

皆さん、日本旅行の けいかくを たてましょう。どこへ 行きたいですか。

僕は 京都へ 行きたいです。

私は 東京です。しゅとですから。

僕は ならへ 行きたいです。

皆さん、私達は 一週間 広島のしまい校へ 行くよていです。だから、旅行は 一週間ですよ。

私は 東京も 行きたいけど、京都も 行きたいわ。

大阪と ならは 京都から 近いです。でんしゃで 30分から 1時間くらいです。こうべも 遠くないですよ。

先生、こうべに 行ったことが ありますか。

ありますよ。

大きいじしんが ありましたね。

そうですね。1995年に じしんが ありました。

じゃあ、こうべも 行きましょう。

そうですね。じゃあ、京都の ユースホステルに 一週間 泊まりましょう。インターネットで 東山ユースホステルを しらべてください。

はい!!

それから、レールパスも しらべてください。京都、大阪、なら、こうべで どこへ 行きますか。また あした 話しましょう。

けいかく	a plan	じしん	earthquake
たてる	to construct, build	ユースホステル	youth hostel
しゅと	capital city	泊まる	to stay, lodge
しまい校	sister-school	しらべて	〜て form of しらべる to investigate
よてい	a plan		
…行ったことが ありますか	Have you ever been to …?	レールパス	rail pass

Unit 11

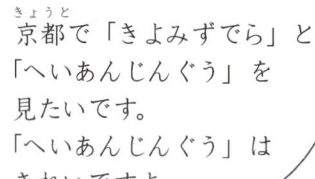

きめる	to decide	かんこうする	to sightsee
ぶつぞう	image of Buddha	しか	deer
まっ茶	powdered green tea	だいぶつ	huge statue of Buddha
わがし	Japanese confectionery	ごじゅうのとう	five-storied pagoda
三日間	three days		

つもり	intention	じゅうしょ	address
いじんかん	a building where foreigners lived	入れる	to insert, put in
		これで いい	that's all
チャイナタウン	Chinatown		

A2 話しましょう

Mariana and her classmates, Peter, Scott, Kylie, Jane, Emily and Tanya, start planning their trip to Japan by deciding on what places they want to visit and what they want to do.

マリアナ： 東京で　どこへ　行きたい？
ターニャ： ディズニーランド！
ジェイン： はらじゅくで　買い物を　したい！
スコット： 僕は　DVDプレーヤーを　買うつもり。
　　　　　どこで　うっている**かな**¹。
マリアナ： 「あきはばら」。

1 end of sentence marker

カイリー： 先生、日本旅行のよていを　教えてください。
先生： 私達は　５日間ぐらい　東京に　泊まります。東京から
　　　せんだいと　かまくらを　かんこうするよていです。それから、
　　　高山と　なごやへ　行くよていです。
ピーター： 東京で　買い物を　したいです。「あきはばら」で　デジカメを
　　　買うつもりです。
カイリー： 私は　あさくさの「せんそう寺」を　見に　行きたいです。
先生： じゃあ、あきはばらも　あさくさも　行きましょう。
ピーター： 先生、東京から　せんだいまで　どうやって　行きますか。
先生： しんかんせんで　行きます。
エミリー： せんだいに　何日　泊まりますか。
先生： 泊まりません。かまくらも　泊まりません。
　　　高山には　一日²　泊まるよていです。
ピーター： 先生、高山まで　どうやって　行きますか。
先生： 東京から　なごやまで　しんかんせんに　乗って、なごやから
　　　高山まで　**とっきゅう「ひだ**³」に　乗ります。
エミリー： 高山に　何日　泊まるよていですか。
先生： 一日。そして　なごやに　二日　泊まるよていです。
　　　皆さん、せんだいで　何を　したいですか。
　　　来週の月よう日に　よていを　きめましょう。

2 one day
3 an express train

先生： せんだいで　何を　見に　行きますか。
スコット： はくぶつかんと　「あおばじょうし」を
　　　見に　行きたいです。
ジェイン： 先生、せんだいに　**ループバス**⁴が　あります。
　　　ワンディチケット⁵は　600円です。
ターニャ： これが　**ルートマップ**⁶と　**時こくひょう**⁷です。
先生： じゃあ、ループバスに　乗りましょう。

4 city circle bus
5 one-day ticket
6 route map
7 timetable

154　Tsumiki 2

B 漢字を 書きましょう

101 東 east

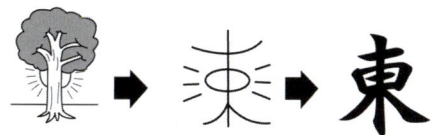

As the sun rises in the **east**, the ancient Chinese drew a sun rising behind a tree to represent **east**.

8かく

- くん　ひがし
- おん　とう
- れい　東京 Tokyo
　　　　東山 Higashiyama

102 京 capital, place

A **capital** is usually built on a high mountain. From this high point, invaders can be seen.

8かく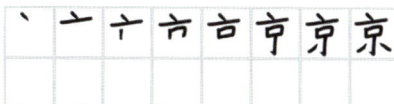

- くん
- おん　きょう、けい
- れい　東京 Tokyo
　　　　京都 Kyoto

103 都 capital, big city

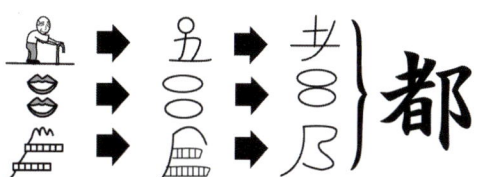

The concept of a **capital** or **big city** has three elements: wise men (a man with a walking stick), many people (two mouths) and the slopes of the hills on which a city is built.

11かく

- くん　みやこ
- おん　と、つ
- れい　京都 Kyoto

104 阪 slope

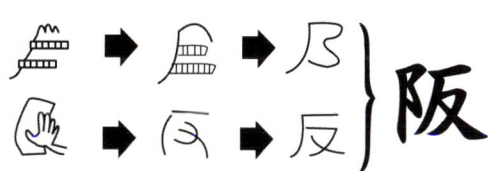

This kanji shows that fortresses were built high on **slopes** or cliffs for protection and visibility.

7かく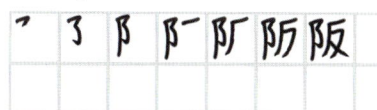

- くん　さか
- おん　はん
- れい　大阪 Osaka

105 泊 stay, one night's stay, lodge

Staying the night usually also means having something to eat and drink. Therefore, the kanji for **stay** contains the radicals for both water and rice.

8かく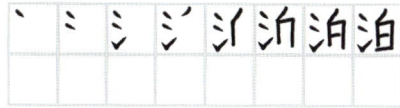

- くん　と
- おん　はく
- れい　泊まる pass a night, stay
　　　　一泊 one night's stay

Unit 11

106 山 mountains

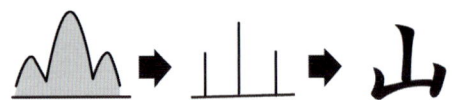

It is easy to see how the kanji for **mountain** has evolved.

3かく

	山	山					

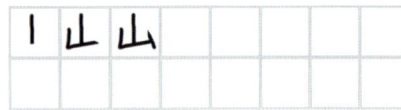

くん　やま
おん　さん
れい　山 mountain
　　　富士山 Mt Fuji

---

107 島 island

An **island** is where the birds seek sanctuary after a long flight.

10かく

くん　しま
おん　とう
れい　広島 Hiroshima

---

108 旅 travel

This kanji shows a group of Japanese tourists setting out to **travel** with their flag at the front of the group.

10かく

くん　たび
おん　りょ
れい　旅かん Japanese inn
　　　旅行 travel

---

109 近 near, close

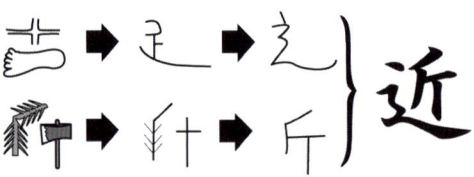

The first radical, showing a crossroad and foot, means 'go forward'. The axe cutting the tree symbolises the cutting short of one's progress, thereby making the destination **closer**.

7かく

くん　ちか(い)
おん　きん
れい　近い close
　　　近所 neighbourhood

---

110 遠 far

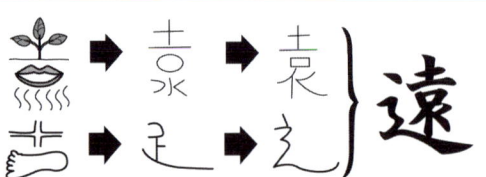

Because it is **far** to the place where there are rivers and plants, people (symbolised by a mouth) must walk some distance, symbolised by the radical for 'advance'.

13かく

くん　とお(い)
おん　えん
れい　遠い far

C1 覚えましょう

Have you ever been to …?

When planning a trip to Japan, it's always a good idea to get some tips from people who've been there. Asking your teachers if they've been there before is easy when you know this pattern!

45 Sentence pattern

Q	東京ディズニーランドへ 行ったことが ありますか。	Have you (ever) been to Tokyo Disneyland?
A	ええ、もちろん。	Yes, of course.

 At this stage, just learn 行ったことが あります as an idiom. You will later see that 行った is the plain form of 行きました and that the plain past is made by simply changing the 〜て form to 〜た. This pattern is used to express the idea that someone has had the experience of going somewhere.

C2 練習しましょう

Where have these people been?

京都に 行ったことが ありますか。　　　　シドニーに 行ったことが ありますか。
はい、あります。　　　　　　　　　　　　　いいえ、ありません。

C3

Look at the two maps below. Where have you and your classmates been?

どこに 行ったことが ありますか。

Unit 11

D1 覚えましょう
Expressing informality – Part 1

It is always important to use appropriate levels of politeness. In dialogue A2, when the students were talking with their teacher, they used polite endings of verbs. However, when they were chatting among themselves, they inevitably dropped the final です. The plain or dictionary form of the verb can be used to express informality or close friendship.

46a Sentence pattern

Q　けいじくん、どのぐらい　広島に　泊まる？　　Keiji, about how long will we stay in Hiroshima?

A　ええと、六日間ぐらい。　　Umm, about six days.

46b Sentence pattern

Q　何(を)　する(の)？　　What are you going to do?

A　えいが　見に　行く。　　I'll go and see a movie.

 Notice that, in conversational form, Japanese often omit certain meaning markers. On the other hand, they frequently add markers at the end. These will be further explained in Sentence pattern 50.

English	〜ます form	Dictionary form	English	〜ます form	Dictionary form
Group 1 verbs			Dance	おどります	おどる
Arrive	つきます	つく	Enter	はいります	はいる
Go	いきます	いく	Finish	おわります	おわる
Hold (a party)	ひらきます	ひらく	Know*	しっています	しる
Write	かきます	かく	Return	かえります	かえる
Speak	はなします	はなす	Buy	かいます	かう
Wait	まちます	まつ	Meet	あいます	あう
Die	しにます	しぬ	Sing	うたいます	うたう
Drink	のみます	のむ	Use	つかいます	つかう
Read	よみます	よむ	Hurry	いそぎます	いそぐ
Rest	やすみます	やすむ	Play	あそびます	あそぶ
Exist	あります	ある			
Group 2 verbs			**Group 3 verbs**		
Eat	たべます	たべる	Come	きます	くる
Start	はじめます	はじめる	Do	します	する
Teach	おしえます	おしえる			
See	みます	みる			

*Notice the use of しっています meaning 'I know'.

To put a group 1 verb into the plain form, change its final sound (the sound before the 〜ます) to its う sound. For group 2 verbs, simply change 〜ます to る.

D2 練習しましょう

In the dialogues below, informal language is being used. What will the people do?

A: しゅうまつ　何する(の)？
B: 土よう日　ゴルフする。
A: 日よう日は？
B: およぎに　行く。

A: ケーキ　食べる？
B: 食べる。うまい(**なあ**)。
A: うまい。

A: あした　くるま　買う？
B: うん、買うよ。
A: いい**なあ**。おれも　新しいくるま　買いたい。

* Can you guess what function の and なあ serve at the end of these sentences?

| うまいなあ | It's delicious, isn't it? | おれ | I (boys and men only) |

E1 覚えましょう
I plan to ...

Knowing the dictionary (or plain) forms of verbs makes the following patterns very easy!

47 Sentence pattern

Q どこへ　行くよていですか。　　Where do you plan to go?
A 広島のしまい校へ(行くよていです)。　(I plan to go) to our sister-school in Hiroshima.

48 Sentence pattern

Q そこで　何を　買うつもりですか。　What do you intend buying there?
A MDプレイヤーを　買いたいです。　I want to buy an MD player.

 よてい (plan) and つもり (intend) are added to the plain form of the verbs.

Unit 11

E2 練習しましょう

What do/did the following people intend to do?

1. A: 来年、京都に 行くつもりです。
   B: そうですか。京都で 何を しますか。
   A: はたらくつもりです。
2. A: あしたのよていは 何ですか。
   B: あした 友達と 出かけるよていです。
3. A: 勉強するつもりでしたけど、テレビを 見ました。
   B: そうですか。もう ちょっと がんばってください。
4. A: どこに 行きましたか。
   B: うみに 行くよていでしたけど 買い物に 行きました。
   A: なぜですか。
   B: さむかったからです。

京都の「ひがしほんがんじ」へ
行くつもりですか。

 出かける　to go out　　　なぜ　why

F1 覚えましょう

How many days?

49 Sentence pattern

Q 何日 泊まるよていですか。　　How many days do you plan to stay?
A 一日です。　　　　　　　　　I plan to stay one day.

 Counting days

いちにち	一日	(for) one day
ふつか（間）	二日(間)	(for) two days
みっか（間）	三日(間)	(for) three days
よっか（間）	四日(間)	(for) four days
いつか（間）	五日(間)	(for) five days
むいか（間）	六日(間)	(for) six days
なのか（間）	七日(間)	(for) seven days
ようか（間）	八日(間)	(for) eight days
ここのか（間）	九日(間)	(for) nine days
とおか（間）	十日(間)	(for) ten days

F2 練習しましょう

What and for how long are the following people going to do what they intend to do?

1. A: どのくらい 友達の家に 泊まる?
   B: ええと、五日間くらい 泊まる。
2. A: 京都で 何を しますか。
   B: 三日間 友達の家に 泊まって 二日間 つりを します。
3. A: テストクリケットのしあいは どのくらい かかる?
   B: ふつう、五日間くらい かかる。
4. A: シドニーに 七日間 たいざいするつもりですか。
   B: いいえ、九日間です。

| しあい | game, match, event, tournament |

G 覚えましょう

Sentence-final particles

You will often hear Japanese add various meaning markers to the end of their sentences. They are called 'sentence-final particles'. It can take a long time to learn how to use these particles properly, so, at this stage, just try to be aware of them and get used to hearing them. They are mainly used to add emphasis or feelings of doubt.

50a Sentence pattern

M1 おきなわに 行ったことが ある?	Have you been to Okinawa?
M2 ううん。	No, I haven't.
M1 すごく きれいだよ。	It's really beautiful.
M2 ほんとう? 行きたいな。	Really? I want to go.

50b Sentence pattern

W なつ休みに どこに 行くの?	Where are you going on the summer holidays?
M かぞくと 京都に 行くよ。	I'm going to Kyoto with my family.
W いいわね。しゃしん 見せてね。	That's good. Show me the photos (won't you).
M うん、分かった。	Okay (I've understood).

50c Sentence pattern

| M あした あついかな。 | I wonder if it's going to be hot tomorrow. |
| W あついよ。 | It's going to be hot. |

Note: M=men and W=women

| 分かった | plain form of 分かりました I/You (have) understood |

H 練習しましょう

The students at Green Bay High made the following schedule for their trip to Japan. Which day do you think is the most interesting?

日づけ		よ　て　い	
9/4 (日)	ニュージーランドから 日本へ 行く	午前　9時 午前　11時 午後　8時	オークランドくうこうに しゅうごうする オークランドくうこうを しゅっぱつする 東京に とうちゃくする ユースホステルに 泊まる
9/5 (月)	東京を かんこうする	行き先	• あさくさ • あきはばら • こうきょ ユースホステルに 泊まる
9/6 (火)	ディズニーランド		ディズニーランドへ 行く ユースホステルに 泊まる
9/7 (水)	かまくらを かんこうする	午前　8時 午前　11時 行き先 午後 4時 午後 6時	ユースホステルの前に しゅうごうする かまくらに とうちゃくする • つるがおかはちまんぐう • だいぶつ • はせでらなど かまくらを しゅっぱつする ユースホステルに とうちゃくする ユースホステルに 泊まる
9/8 (木)	にっこうを かんこうする	午前 8時ごろ 午前 10時ごろ 午後 4時	あさくさえきに とうちゃくする にっこうに とうちゃくする 「とうしょうぐう」などを 見る にっこうを しゅっぱつする
9/9 (金)	仙台へ 行く	午前9時 午前11時30分 行き先 午後 6時	とうきょうえきに しゅうごうする せんだいに とうちゃくする • はくぶつかん • あおばじょう みなみ山高校へ 行く こうちょう先生と 皆さんに あいさつする ホストファミリーに 会う

日づけ	date	とうちゃくする	to arrive
午前	morning	行き先	destination
くうこう	airport	こうきょ	the Imperial Palace
しゅうごうする	to gather, assemble	あおばじょう	name of castle
しゅっぱつする	to depart	あいさつする	to greet
午後	afternoon		

日づけ	よ　て　い	
9/10（土）	みなみ山高校へ 行く フリータイム	ぶんかさいのじゅんびを　する ホストファミリーの家に　泊まる
9/11（日）	みなみ山高校へ 行く	ぶんかさいに　さんかする ホストファミリーの家に　泊まる
9/12（月）	みなみ山高校へ 行く	じゅぎょうを　うける ホストファミリーの家に　泊まる
9/13（火）	みなみ山高校へ 行く	じゅぎょうを　うける ホストファミリーの家に　泊まる
9/14（水）	東京から　高山へ 行く	午前8時　　　　東京えきに　しゅうごうする 午前10時30分　なごやに　とうちゃくする ひるごろ　　　高山に　とうちゃくする 午後　　　　　高山を　かんこうする
9/15（木）	高山から　なごやへ 行く	午前から　　　高山を　かんこうする 午後4時　　　 高山を　しゅっぱつする 　　　7時　　 なごやに　とうちゃくする 　　　　　　　ホテルに　泊まる
9/16（金）	なごやを かんこうする	ホテルに　泊まる
9/17（土）	日本を しゅっぱつする	午前から　　　なごやを　かんこうする 午後4時30分　ホテルを　しゅっぱつする 午後6時　　　なごやくうこうに　とうちゃくする 午後8時　　　なごやを　しゅっぱつする
9/18（日）	ニュージーランドに とうちゃくする	午前6時　　　オークランドに　とうちゃくする 　　　　　　　家へ　帰る

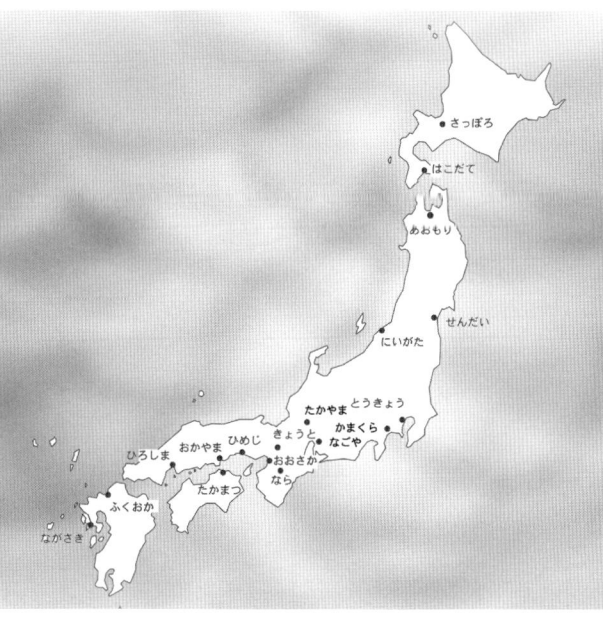

ぶんかさい	school culture festival	うける	to receive
さんかする	to participate	ひるごろ	about lunchtime

Unit 11

Ⅰ 伝えましょう

Hassan sends an email to Kenji. What does he want to know?

けんじくん

うれしいニュースが あります。僕達は 9月に 日本へ 行きます。
一週間 広島（ひろしま）で ホームステイを します。
ホームステイのあとで 一週間 京都（きょうと）に 泊（と）まります。大阪（おおさか）や ならや こうべを 見に 行くよていです。また けんじくんに 会いたいです。

けんじくんに しつもんが あります。
京都に 寺や じんじゃが たくさん ありますけど、けんじくんは どこへ 行きましたか。どこが きれいでしたか。京都ごしょを 見に 行きましたか。
きよみず寺は ゆうめいですけど、どうですか。ほかに おもしろいばしょは ありますか。
大阪で ビデオカメラや ゲームソフトを 買いたいですけど、どこが いいですか。
安い店は どこに ありますか。
けんじくんは かいゆうかんへ 行きましたか。
友達は まんがの本を 買うつもりです。一（いっ）さつ いくらぐらいですか。
日本は はじめてですから、ほんとうに 楽しみに しています。
じゃ、また。

ハッサン

京都ごしょ	Kyoto Imperial Palace
ばしょ	place
一さつ	one book

J 伝えましょう

What comments or suggestions does Kenji make in response to Hassan's questions?

```
                           メール
ハッサンくん
メールを 読みました。そして、びっくりしました。
僕も ハッサンくんに 会いたいです。
9月 何日に 日本に 来ますか。教えてください。
僕は ハッサンくんのホストブラザーに なりたいですが、広島(ひろしま)に
すんでいません。ざんねんですね。でも どこかで 会いたいです。
ハッサンくんのしつもんですけど、
① 京都(きょうと)の寺と じんじゃについて
   僕は 京都で いろいろなお寺や じんじゃへ 行きましたけど、あまり
   覚えていません。でも、「きよみず寺(でら)」と「さんじゅうさんげんどう」は
   よかったです。「きんかく寺(じ)は」きれいでした。
   それから、「まいこさん」を 見に 行ってください。とても かわいくて
   きれいです。
② 大阪(おおさか)について
   大阪は あまり よく 知りません。ごめんなさい。
③ かいゆうかんについて
   僕は かぞくと かいゆうかんへ 行きました。じんべいざめや さかなが
   きれいでしたけど、入じょうりょうが ちょっと 高かったです。
④ まんがの本について
   まんがの本は ざっしですか。たん行本(こうぼん)ですか。
   ざっしは すこし 安いです。でも、いろいろなたん行本(こうぼん)が
   ありますから、ねだんも いろいろです。
僕も 楽しみに しています。また メールを ください。

けんじ
```

| まいこさん | an apprentice geisha | たん行本 | a book of short stories |
| じんべいざめ | whale shark | | |

Unit 11　165

K1 覚えましょう
I want to be ...

51a Sentence pattern

Q 何に なりたいですか。 — What do you want to become?
A かいしゃいんに なりたいです。 — I want to be an office worker.

51b Sentence pattern

Q だれのホストファミリーに なりたいですか。 — Whose host do you want to be?
A ハッサンくんのホストファミリーに なりたいです。 — I want to be Hassan's host.

K2 練習しましょう

What do these people want or not want to become?

1 日本語の先生に なりたいです。
2 金持ちに なりたいけど、ちょっと むずかしいです。
3 いしゃに なりたくないです。はいしゃに なりたいです。
4 へいたいに なりたかったです。
5 ウエイトレスに なりたいです。

金持ち　rich　　　　へいたい　soldier

L べんりなことば

これで いいですか。
Is this good?

すごい！よく できたね。
Terrific! You did it.

大阪は おもしろいですか。
Is Osaka interesting?

あまり よく 知りません。
I don't know it very well.

M 覚えましょう

Seasons

Read the sentences below to see the variety of ways in which Japanese seasons may be referred.

なつ このなつ休みに おきなわへ 行くつもりです。今年のなつは とても あついですね。
なつ休みに おばあさんと おじいさんの家を ほうもんします。

はる はるのはなは すごく きれいですね。
まい年 はるに 私のかぞくは 一週間 キャンプに 行きます。
はる さくらのはなが さきます。

ふゆ 日本のふゆは ゆきが ふります。ふゆ ゆきだるまを 作ります。

あき あきに はっぱが き色く なって おちます。
あきのコスモスは きれいで いろいろな色です。

コスモス

なつ	summer	ふゆ	winter
はる	spring	あき	autumn
さくらのはな	cherry blossom flower	はっぱ	leaves
さく	to bloom		

N1

つみき新聞
日本について

はんしん・あわじだいしんさい

九五年一月十七日のあさ はんしんちほうと あわじ島で 大きいじしんが ありました。日本では 小さいじしんが よく ありますから、日本人は あまり おどろきません。しかし、大きいじしんは あまり ありませんから、日本人は 九五年の こうべ・あわじだいしんさいに とても おどろきました。

こうべでは じしんのあとで 大きいかじも ありました。だから じしんとかじで 人が たくさん なくなりました。家や ビルや こうそくどうろなどが たくさん こわれました。せんろも こわれましたから、しんかんせんは 五月まで とおりませんでした。でんき、水、ガスなどが ぜんぶ とまりました。また、家を なくした人達は 学校や こうえんのテントで せいかつ しました。日本の 一月と 二月は さむいですから たいへんでした。

今 こうべは きれいな まちに もどりました。新しいたて物が たくさんできました。そして かんこうきゃくも たくさん こうべへ 来ます。しかし、はんしんちほうや あわじ島の人達は まだ今も 九五年の じしんを わすれていません。

家を なくした人達	people who lost their homes	せんろ	railway
おどろく	to be surprised	でんき	electricity
かじ	fire	とおる	to pass
かんこうきゃく	tourist	とまる	to stop
こうそくどうろ	speedway, expressway	なくなる	to die
こわれる	to break down	はんしん・あわじ	Hanshin-Awaji (area)
しかし	however	はんしんちほう	middle-western part of Japan
しんさい	earthquake		

Unit 11

N2 若者について

高校生のおしゃれ

中学生も　高校生も　学校で　せいふくを　きる。しゅうがく旅行(りょこう)にも　せいふくを　きて行く。皆　おなじジャケット、スカート、ズボン、シャツ、ネクタイ、リボンを　みにつけなれればならない。かばんや　くつも　きまっている学校も　ある。皆　おなじ物を　みにつけなければならないが、学生達は　おしゃれが　したい。だから、女の子は　スカートを　みじかくしたり、リボンのむすびかたを　すこし　かえたり　する。男の子は　ネクタイのむすびかたを　いろいろ　かえたり、かっこいいベルトを　したり　する。くつや　シャツは　たいてい　色が　きまっている。くつの色は　黒か　茶色で、シャツは　白だ。皆　かっこよくて　おしゃれなくつや　シャツが　きたい。まい年　高校生の間で　いろいろなりゅうこうが　ある。くつ、かばん、くつした、ベルト、マフラー、スカートのながさ、ズボンのかたちなど　いろいろだ。学生は　皆　りゅうこうが　大好きだ。

おしゃれ（な）	fashion	ながさ	length
かたち	shape	マフラー	scarf
かばんや　くつも　きまっている学校	the school where bags and shoes are specified	みにつけなければならない	I/You must put on
…たり …たり	… and … and so on	むすびかた	way of tying
		りゅうこう	fashion trend

N3

つみき新聞　日本語について

きっぷ

でんしゃのきっぷは　いろいろ　あります。ふつうきっぷ、一日じょうしゃけん、かいすうけんなどです。ふつうきっぷは　じどうけんばいきで　かいます。ふつうきっぷを　かう時は　ルートマップとりょうきんひょうが　じどうけんばいきの上に　あります。行き先とりょうきんを　見てください。一日じょうしゃけんは　じどうけんばいきで　かいます。一日に　いろいろなばしょへ　行く時は　一日じょうしゃけんを　かってください。おなじばしょへ　何かいも　行く時は　かいすうけんを　かってください。千円さつで　じどうけんばいきで　だいじょうぶですが、五千円さつや　一万円さつは　まどぐちで　出してください。または　りょうがえを　してください。がいこく人の旅行しゃは　JRのレールパスを　かってください。しんかんせんは　高いですが、このレールパスで　だいじょうぶです。

行く時	when I/you go	ふつうきっぷ	normal ticket
かいすうけん	book of tickets	まどぐち	counter
じどうけんばいき	ticket vending machine	りょうがえ	exchange
じょうしゃけん	ticket	りょうきんひょう	list of fees
出す	to put out, take out, send in, hand in	旅行しゃ	tourist

チェックしましょう

つぎのしつもんに　答えてください。

1　東京へ　行ったことが　ありますか。
2　京都へ　行ったことが　ありますか。
3　大阪へ　行ったことが　ありますか。
4　来年　何を　するよていですか。
5　来年　何を　勉強するよていですか。
6　たいてい　学校のキャンプは　何日間ですか。
7　なつ休み中　何を　するよていですか。
8　はるのはなは　何ですか。
9　いつ　さくらのはなが　さきますか。

京都タワー

京都の歌舞練場 (The Kaburenjo Theatre in the Gion, Kyoto)

大阪城 (Osaka Castle)

12 日本人のやり方(かた)
How Japanese do things

Outcomes
By the end of this unit you should be able to:
- ask how to do things
- appreciate many Japanese customs
- seek information and assistance
- demonstrate an understanding of recycling

A1　話しましょう

 The students from Green Bay High arrive at a Youth Hostel in Tokyo and they soon realise how useful it is to be able to speak in Japanese.

よく いらっしゃいました	Welcome
二ど目	twice, the second time
使い方	how to use
男ぶろ	male bathroom
女ぶろ	female bathroom

170　Tsumiki 2

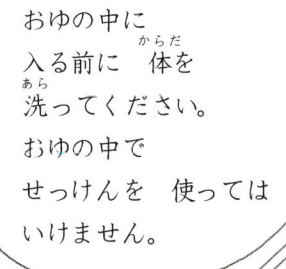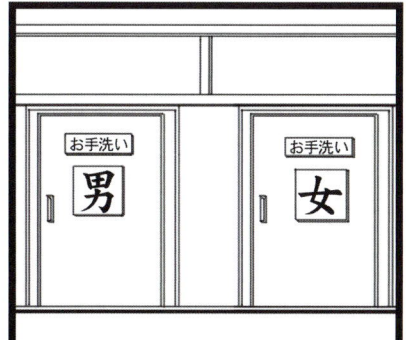

おゆ	hot water	押す	to push
入る前に	before entering	びょう	second/s
せっけん	soap	はく	to wear, put on
水を 出す	to turn on a tap	流す	to flush, pour, run
水が 出る	water comes out	教えてくださいませんか	Would you please show me?
…方	how to	洗たくき	washing machine

A2 話しましょう

Luke and Andrew discuss the house rules with their respective host mothers at the beginning of their homestays in Hiroshima.

1 Luke's situation	**ルークくんのばあい**[1]

お母さん： さあ、ルークさん、どうぞ。
ルーク： はい。しつれいします。
お母さん： ルークさん、私のくつを見てください。くつの**ぬぎ方**[2]を覚えてくださいね。

2 how to take off

ルーク： はい。

3 place your shoes neatly

お母さん： ゆうじ、あなたも **くつを きちんと して**[3]。
ゆうじ： はーい。

お母さん： ルークさん、ここが あなたのへやです。つくえは ありますけど、ベッドは ありませんから、ふとんを 使ってください。

4 how to lay out a futon

ルーク： ふとん？あの、すみません。**ふとんのしき方**[4]が 分かりません。

5 how to fold
6 dark (adj.)

お母さん： だいじょうぶです。後で いっしょに しきましょう。**たたみ方**[5]も れんしゅうしましょう。ちょっと **くらい**[6]ですね。電気を **つけましょう**[7]。

7 let's put the light on

ルーク： リモコンで 電気を つけますか。
お母さん： はい。白いボタンを 押します。

8 how to turn the light off

ルーク： **けし方**[8]は？
お母さん： みどりのボタンを 押します。

9 Andrew's situation

アンドルーくんのばあい[9]

10 PET bottle

アンドルー： お母さん、**ペットボトル**[10]を ここに **すてて**[11]も いいですか。

11 ～て form of すてる I/You throw away, dispose

お母さん： いいですよ。でも ふたを **とって**[12]、洗って、すててください。

12 remove
13 how to throw away, dispose

アンドルー： はい。あの、ごみばこが たくさん あります。ごみの**すて方**[13]を 教えてください。

14 paper

お母さん： そうですね。**かみ**[14]や ティッシュは ここに すててください。

15 plastic bag
16 bag, sack

ビニールぶくろ[15]や プラスチックの おかしの**ふくろ**[16]は プラスチックごみです。ここに 入れてください。

17 bottles and cans
18 magazines

びんと かん[17]は ここに 入れてください。新聞と **ざっし**[18]は 白いはこに 入れてください。

アンドルー： うわあ、たいへんですね。

Unit 12　173

B 漢字を 書きましょう

111 方
direction, way, means, person, suffix indicating plurality

It is possible to tell the **way** the wind is blowing, or its **direction**, by watching which way the leaves are moving.

4かく

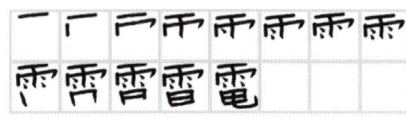

- くん かた
- おん ほう
- れい あなた方 you (plural)
  し方 how to do …

112 電
electricity

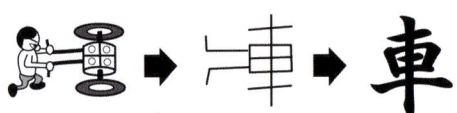

Streaks of lightning and rain form part of an **electrical** storm.

13かく

- くん
- おん でん
- れい 電話 telephone
  電車 train, 電気 electricity

113 車
car, vehicle, wheel

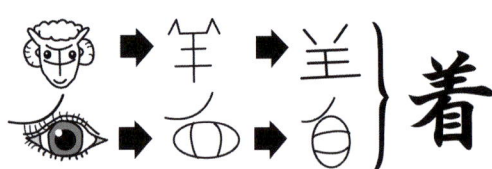

Early **vehicles** were hand-drawn carts with two **wheels**. What remains of this sketch now takes on the meaning of any **vehicle** with **wheels**.

7かく

- くん くるま
- おん しゃ
- れい 車 car, 自動車 car
  自転車 bike

114 着
wear, arrive

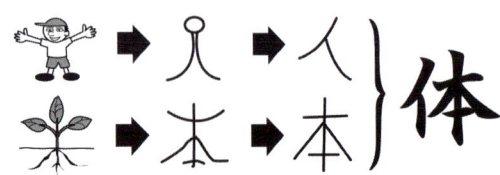

The top radical is a sheep (whose wool we use to make clothes to **wear**). The bottom part shows hair over one's eye. (Before **arriving**, check that your hair is right!)

12かく

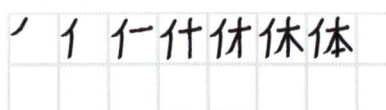

- くん き(る)、つ(く)
- おん ちゃく
- れい 着物 kimono, 着る to wear
  着く to arrive

115 体
body

The kanji for **body** includes a sketch of a person. One's strength, just as for plants (shown in the second radical), lies in one's roots or upbringing.

7かく

- くん からだ
- おん たい
- れい 体そう gymnastics
  体 body

116 押
push, press

When **pushing**, we often use two hands. This kanji contains two different sketches of the hand.

8 かく

くん	お(す)
おん	おう
れい	押す to push, to press 押(し)入れ closet, cupboard

117 午
noon

 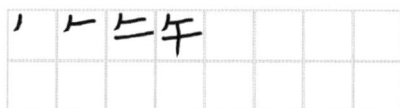

The concept of **noon** is expressed by a sketch of a mortar and pestle. The up-down motion used when pounding rice suggests morning (up) and afternoon (down), dividing the day in half at **noon**.

4 かく

くん	うま
おん	ご
れい	午前 a.m., morning 午後 p.m., afternoon

118 後
after, later, latter, back, behind

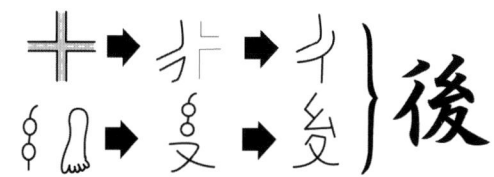 

The road is **behind** the footprint. The loom indicates length of time. Together the idea presented is that time has passed since you left the road; the event is **behind** you.

9 かく

くん	のち、うし(ろ)、あと、おく(れる)
おん	ご、こう
れい	後ろ behind, back

119 洗
wash

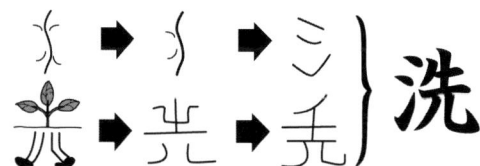 

The first radical shows the sparkling water as it flows down the waterfall. People go to the river (which is surrounded by reeds) to **wash** their feet. Together these radicals mean **wash**.

9 かく

くん	あら(う)
おん	せん
れい	洗う to wash 洗たくき washing machine

120 流
current, stream, flow, rank, class

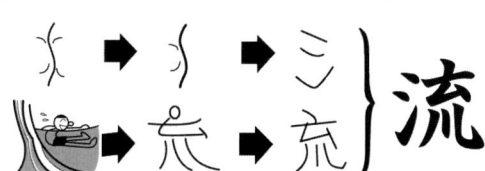 

This kanji shows the water flowing over the waterfall and then a child swimming with the **current** down the river.

10 かく

くん	なが(れる)、なが(す)
おん	りゅう、る
れい	流す to let flow, to flush 流れる to stream, to run

C1 覚えましょう
How do I ...?

52 Sentence pattern

Q	どうしたの？／どうしたんですか。	What's up?/What's happened?
A1	おふろの使い方を　教えて下さい。	Please show me how to use the bath.
A2	水の流し方が　分かりません。	I don't understand how to run the water.
	教えて下さいませんか。	Could you please show me (teach me). (Very polite)
A3	水の流し方を　教えて。	Show me how to run the water. (Very informal)

1 'The way to ...' or 'how to ...' is a useful phrase formed by changing 〜ます of the verb to 〜方. In these phrases を changes to の except if you want to add emphasis as in C2 sentence 1 below.

2 If you want to make your request of someone very polite, add 〜ませんか as shown in A2 above.

3 If you want to make your request very informal, you can just use the 〜て ending as shown in A3. This style is often used by females.

4 The 〜方 pattern can be used with a great variety of phrases and final verbs/endings as shown in the following examples:

洗たくきの使い方を　教えてください。	Please show me (teach me) how to use the washing machine.
ふとんのしき方が　分かりません。	I don't understand how to lay out a futon.
電子レンジの使い方は／が　ふくざつですね。	Using the microwave is complicated, isn't it.
ごみのすて方を　ならいました。	I learnt how to throw away rubbish.

C2 練習しましょう

In each of the following situations, what have our young tourists said?

1　このごみは　分け方が　だいじです。

2　日本では　うどんの食べ方が　だいじです。

3　電車のきっぷの買い方を　教えて下さいませんか。

4　すみませんが、ふとんのしき方が　分かりません。

5　きのう　すいはんきの使い方を　ならいました。

6　日本のごみの分け方は　ふくざつですね。
　　もう一ど　せつめいして下さい。

すいはんき

しく	to lay out, spread	分ける	to divide, classify, separate
ふくざつ（な）	complicated, intricate	だいじ（な）	important
すてる	to throw away, dispose	せつめい	explanation

D1 覚えましょう
Describing verbs with adverbs

When you say that the water became 'hot' or that you did something 'quickly' or that someone can do something 'skilfully' in Japanese, you are *qualifying* or *describing* the verb. Hence, these words in Japanese are called 'adverbs'. Notice how the English is often expressed quite differently from the Japanese. True and quasi adjectives are made into adverbs as shown below.

53 Sentence pattern

a 食べ物が はやく あたたかく なりました。 The food quickly became hot.
b よく 分かりました。 I understood it well.

54 Sentence pattern

a けいじくんは 上手に 英語で 話します。
Keiji speaks English well (skilfully).
b さちこさんは へやを きれいに しました。
Sachiko cleaned her room (made it neat).
c 学校の旅行を 楽しみに 待っています。
I am looking forward to our school trip. (*lit*. I am waiting (excitedly) ….)

 In the case of true adjectives, the final い becomes く, and with quasi adjectives, に is added, as shown.
It can sometimes help to think of an adverb as a word ending in -ly.

D2 練習しましょう

Can you work out what these sentences mean?

1 おばあさんは はやく あるきません。
2 ジョンさんの こえは 元気に 聞こえます。
3 ホストファミリーのお母さんは いつも 家を きれいに しています。
4 おとを もうすこし 小さく して下さい。
5 つくえを きれいに して下さい。
6 みほさんは 上手に ピアノを ひきます。
7 そのえは きれいに 見えます。
8 日本人は おそばを うるさく 食べます。
9 12月15日を 楽しみに 待っています。
10 先生は 「きれいに 書いて下さい。」と 言いました。

そばを うるさく
食べています。

先生は「きれいに 書いてください。」と
言いました。

Unit 12

E1 覚えましょう
Before I do ...

The following pattern can be used in numerous circumstances. You are sure to hear it used during any homestay visit.

55 Sentence pattern

a おふろに 入る前に 体を せっけんで 洗ってください。
Before you get in the bath, wash your body with soap.

b 家に 入る前に くつを ぬぎました。
Before I entered the house, I took off my shoes.

 Notice that the verb before 前 is always in the dictionary form, even if the tense of the main verb is in the past. It is called the 'dictionary' form because this is the form in which verbs are written in dictionaries.

 ぬぐ　　to take off

E2 練習しましょう

What do the following sentences mean?

1 日本人は ごはんを 食べる前に 「いただきます。」と 言います。
2 私達は 日本へ 行く前に 旅行の本を たくさん 読みました。
3 あきはばらで 電子じしょを 買う前に ほかの店のねだんを いろいろ しらべました。
4 日本人の学生は 家に 帰る前に 教室を そうじしました。
5 おこめを たく前に 洗って下さい。
6 日本へ 行く前に ふとんのしき方を ならいます。
7 大阪に 行く前に こうべに 行きたいです。
8 日本に 行く前に ホストファミリーに 手がみを 書きます。

 おこめ　rice grain　　　　　たく　to boil

F1 覚えましょう

Expressing informality – Part 2

In many of the dialogues and listening tasks so far, you have seen or heard the dictionary (or plain) form of the verb being used. It is often used as the final verb at the end of sentences to indicate informality with other speakers. It is frequently the ending used by young people when talking amongst themselves and it is usually the ending used in diaries and journals.

56a Sentence pattern

Q だれと えいがに 行く？   Who are you going to the movies with?
A ジェインさんと 行く。   I'm going with Jane.

56b Sentence pattern

Q だれと えいがに 行った？   Who did you go to the movies with?
A ジェインさんと 行った。   I went with Jane.

説明: To put a verb in the plain form of the past tense, simply change て to た in the ～て form of the verbs as shown in the table below.

English	Dictionary or plain form Present/future tense	～て form	Plain form (dictionary form) Past tense
Read	よむ	よんで	よんだ
Buy	かう	かって	かった
Listen	きく	きいて	きいた
Go	いく	いって*	いった*
Eat	たべる	たべて	たべた
Do	する	して	した
Come	くる	きて	きた

* Note: the ～て form and therefore the ～た form of いきます is irregular.

F2 伝えましょう

Look at Luke's travel diary for Day One of his trip and see if you can identify plain forms in action!

今日は つかれた！家に 十時半に 着いた。家に 帰る前に レストランで ハンバーガーを 食べた。ひこうきで ばんごはんを 食べたから、すこしだけ 食べた。
おふろに 入った。いいゆかげんだった。気持ちよかった。ふとんの しき方(かた)は かんたんだ。あしたを 楽しみに している。学校に 行くからだ！

いいゆかげん   perfect temperature of bath water

G べんりなことば

Even 'What's up?' can be said with varying levels of formality.

H1 日本について

Luke very quickly observed that his host family was most particular about what rubbish went in what bin. He had heard that recycling and waste management have become big issues in Japan. He was relieved when his hosts gave him this information to help him understand what to do. His hosts also explained that unburnable waste is buried and that there is a charge for disposing of large amounts of waste.

ごみの分け方 (How to sort waste)

もえるごみ burnable waste	もえないごみ unburnable waste	しげんごみ recyclable waste	そだいごみ large-sized waste
• かみ（メモなど） • かみのけ • タオル • 食べ物 • ティッシュ • ティーバッグ • Tシャツ（めん）	• おもちゃ • かさ • かばん • CD • シャープペン • スリッパ • 電気 • とけい • プラスチックせいひん • ボールペン	• ペットボトル • びん • かん（アルミ・スチール） • プラスチックケースやふくろ（シャンプーボトル、ポテトチップスのふくろビニールぶくろなど） • かみごみ（牛にゅうパックジュースのパックおかし・くすり・ティッシュのはこなど） • 新聞・ざっし	• エアーコン • テレビ • パソコン • ビデオプレーヤー • れいぞうこ

牛にゅうパック	milk carton	めん	cotton
プラスチックせいひん	plastic products	れいぞうこ	refrigerator
メモ	piece of paper		

しげんごみのすて方

ペットボトルと びん
1. ふたを とる
2. ラベルを とる
3. 洗(あら)う

プラスチックごみ
- シャンプーボトルは 洗う
- ポテトチップスや おかしは ぜんぶ 食べる

かん
1. 飲み物のかんは 洗う
2. アルミと スチールに 分ける

かみごみ（牛にゅうパック、ジュースのパック）
1. 洗う
2. きる
3. ひらく
4. かわかす
- おかし、ティッシュ、くすりなどのはこは つぶす

新聞と ざっし
- べつべつに しばる

しげんごみ	recyclable rubbish		べつべつに しばる	to bind something separately
ラベル	label		ひらく	to spread
アルミ	aluminium		かわかす	to dry something
スチール	steel		つぶす	to squash

H2

つみき新聞

日本について

くつや スリッパのぬぎ方(かた)

日本は 家の中で くつを はきません。家の中に 入る前に くつを ぬぎます。子どもは スリッパを あまり はきませんが、大人は 家の中で スリッパを はきます。学校のたて物の中でも スリッパを はきます。

皆さんは くつのぬぎ方を 知っていますか。まず、くつを ぬいだ後 くつのつま先を そとへ むけましょう。または 後ろむきに くつを ぬぎましょう。そして くつを げんかんのはしに おいて まん中においては いけません。スリッパも おなじです。たたみの上で スリッパを はきませんから、たたみのへやの 前で ぬぎましょう。スリッパも つま先を はんたいにしましょう。そして はしに おきましょう。くつも スリッパも いつも そろえましょう。

後ろむき	direction, way		はんたいに しましょう	Let's put them the other way round
そろえる	to put them in order		むける	to turn them
つま先	toe			
はし	side			

つみき新聞

若者について

日本の高校で 人気が あるスポーツ

クラブかつ動で 一番 人気が あるスポーツは やきゅうと サッカーです。やきゅうせん手は ほとんど 男の子です。女の子は ほとんど ソフトボールを します。

日本では はると なつに 大きいやきゅうの大会が あります。高校生の大会です。はるの 大会は「こうしえん」きゅうじょうで ありますが、なつの 大会は とても ゆうめいです。まい日 テレビで ほうそうします。日本人に こうしえんについて 聞いてみてください。日本人は 皆 知っています。

つぎは サッカーです。サッカーせん手も 男の子が 多いです。ふゆに

大きい大会が あります。やきゅうも サッカーも プロチームが たくさん ありますから、やきゅうや サッカーの 上手な高校生は プロせん手に なりたいです。上手なプロやきゅうせん手は アメリカへ やきゅうを しに 行きます。

サッカーせん手は ヨーロッパや ブラジルなどで サッカーを したいです。二〇〇二年に 日本と かんこくで サッカーのワールドカップが ありましたから、サッカーの人気が 高くなりました。

バレーボール、バスケットボール、テニス、じゅうどう、けんどうなども 一年に 一ど 大きい大会が あります。大きい大会を 「インターハイ」と 言います。「インターハイ」は 「インターハイスクール」の みじかいことばです。男の子のせん手も 女の子の せん手も います。バレーボール、バスケットボール、テニスは プロせん手が いますが、じゅうどうと けんどうは アマチュアだけです。

アマチュア	amateur
きゅうじょう	stadium
こうしえん	name of a place
せん手	player
ソフトボール	softball
大会	competition, tournament
プロせん手	professional players
プロチーム	professional team
ほうそうする	to broadcast
ワールドカップ	the World Cup

H4

つみき新聞

日本語について
ふつう体と ていねい体の使い方

日本語に ふつう体と ていねい体が あります。ふつう体は 友達や 家ぞくなどのしたしい人に使います。ていねい体は 小さい子どもや 年下の人と 話す時も使いますが、ふつう体は 使ってはいけません。とてもしつれいです。ていねい体は あまり したしくない人にも使います。

たとえば 皆さんが はじめて ホストファミリーに 会います。皆さんも ホストファミリーも したしくないです。皆さんは まず ていねい体を 使ってください。じこしょうかいの後で ホストブラザーや ホストシスターに ふつう体を 使っても いいです。でも、お父さん、お母さん、おばあさんは 年上ですから、ていねい体を 使いましょう。おにいさんと おねえさんには まず ていねい体を 使いましょう。でも、したしくなった後 ふつう体を 使います。ていねい体と ふつう体の 使い方は むずかしいです。使い方が 分からない時は ていねい体を 使いましょう。

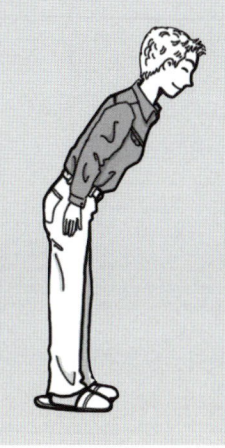

...体	form	したしい	familiar, close (adj.)
時	when	したしくなった後	after getting familiar, close
年上の人	older people	じこしょうかい	self introduction
年下の人	younger people		

H5

What is the difference in tone and meaning between these two conversations?

ふつう体

スーツは いくらだった？
8万円。
高い！

ていねい体

スーツは いくらでしたか。
8万円でした。
高いですね。

I 伝えましょう

What does Hassan's diary reveal about his homestay and school experience? What happened yesterday that he won't be doing again? Why?

（水）　あめ

今日は　あさ　7時45分に　おきた。びっくりした。あきらくんと 二人で　学校まで　はしった。きのうのよる　あきらくんと　12時まで コンピュータゲームを　したから、あさ　ねぼうを　した。あさごはんを あまり　食べなかったから、二時間目に　おなかが　すいた。でも 三時間目が　たいいくだった。たいいくの　後(あと)で　ひるごはんが 食べたかった!!　じゅぎょうの　後(あと)で　マイケルくんと　ベンくんと いっしょに　けんどうぶのれんしゅうに　さんかした。 プロテクターのつけ方(かた)や　しないの使い方を　ならった。プロテクターは おもくて　くさかったけど、れんしゅうは　おもしろかった。あしたは じゅうどうぶのれんしゅうに　さんかするつもり。れんしゅうの後で あきらくんの友達と　コンビニへ　行って、ジュースと　おかしを 買った。ばんごはんは　てんぷらだった。僕は　てんぷらが　大好きだから、 たくさん　食べた。えびのてんぷらが　とても　おいしかった。 ばんごはんの後で　お母さんが「今日は　コンピュータゲームは　だめ。」 と　言った。
あしたは　あさ　7時に　おきる！

ねぼうを　する	to get up late	しない	sword
…ぶ	department	おもい	heavy *(adj.)*
プロテクター	protector		

（木）　はれ

　　今日は　あさ　7時に　おきた。やった!!　家ぞくと　あさごはんを　食べた。五時間目のじゅぎょうで　オーストラリアについて　話した。オーストラリアのれきし、しぜん、動物、食べ物などを　しょうかいした。クラスメートは　皆　コアラや　カンガルーを　知っていた。かものはしも　知っていたから、びっくりした。先生は　「一番　新しいしんかんせんは　かものはしのかたちです。」と　言った。ホームステイの後で　しんかんせんで　京都へ　行くから、「かものはし」のしんかんせんを　見てみたい。よる　あきらくんの　おじいさんと　おばあさんの家へ　ごはんを　食べに　行った。おじいさんと　日本のむかしのおもちゃで　あそんだ。おじいさんも　おばあさんも　とても　元気だった。

やった!!	I did it!!	かたち	shape
しぜん	nature	むかし	long ago
かものはし	platypus	おもちゃ	toy

J チェックしましょう

1 What would you say in the following situations?
   (a) if you don't know how to make up your futon.
   (b) if you don't know how to have a Japanese-style bath.
   (c) if you don't know how to put on a kimono that has been given to you.

2 Rewrite the following sentences from diary entries, adding extra detail in the space provided about how you performed the activity.
   (a) まい日　しんしつを _____ そうじした。
   (b) 午前の六時に　学校に　行きたかったから、_____ 食べた！
   (c) 子どもは _____ あそんでいた。
   (d) あした、皆は　はらじゅくへ　行くよてい。_____
       している。

3 Finish the following sentences.
   (a) おふろに　入る前に _____
   (b) 食じを　食べる前に _____
   (c) 家に　入る前に _____

13 姉妹校訪問
Visiting our sister-schools

Outcomes
By the end of this unit you should be able to:
- express opinions and preferences
- give instructions and rules
- make comparisons
- appreciate the Japanese school setting

A1 話しましょう

The students from Manly High spend a few days in Hiroshima at Heiwa Gaoka High School, their sister-school.

マンリー・ハイ・スクールの皆さん、おはようございます。

おはようございます。

へいわがおか高校へ よく いらっしゃいました。
私は 校長のはらです。

皆さんは 今日から 一週間 日本の高校生活と 家庭生活を けいけんします。日本と オーストラリアは いろいろなことが ちがうと 思います。たいへんなことも あると 思いますが、どうぞ いい思い出を 作ってください。

ありがとうございます。

山口先生と こんどう先生が 皆さんの学校生活を サポートします。分からないことを 聞いてください。

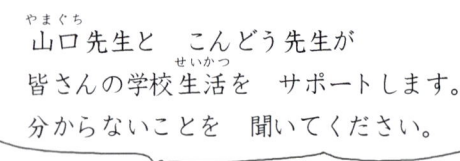

皆さん、よろしく。

よろしく おねがいします。

家庭	home	思い出	memory
…と 思う	to think that …	分からないこと	questions (*lit.* things you don't understand)
ある	to be, to exist		

Tsumiki 2

| じこしょうかいする | to introduce oneself | 方 | direction, way, toward |
| せき | seats | | |

じゃあ、スピーチを おねがいします。

はい。

右から アンドルーさん、リサさん、マイケルさん、ジェニーさん、ルークさん、ハッサンさん、ベンさんです。

どうぞ よろしく おねがいします。

日本の皆さん、私達は シドニーから 来ました。
ハイ・スクールの10年生です。
日本に 来て とても うれしいです。
日本の学校生活や 家庭生活について
たくさん 知りたいと 思います。
分からないことが たくさん あると 思います。
どうぞ 私達に 教えてください。
先生方、皆さん、どうぞ よろしく おねがいします。

アンドルーさん、どうもありがとう。つぎは 生徒会長のすずきくん、スピーチをおねがいします。

はい。マンリー・ハイ・スクールの皆さん、へいわがおか高校へ ようこそ。皆さんの来校を とても 楽しみにしていました。オーストラリアのことをぜひ いろいろ 教えてください。みじかいきかんですけど、どうぞ 日本の生活を楽しんでください。

皆さん、5日間 きょうりょくして くださいね。

先生方	polite form of 先生達 (teachers)	きかん	period, term, time
生徒会長	the president of a student council	楽しむ	to enjoy
来校	the visiting school	きょうりょくする	to cooperate

Tsumiki 2

A2 話しましょう

Mariana, Jane and Kylie learnt much about school life in Japan when they visited their sister-school. How does Minamiyama High School compare with your own school?

1	You must arrive
2	Please don't be late
3	You must enter, be in
4	You are not to run in the corridor
5	You are not to chew gum
6	clothes
7	appearance
8	rules
9	I am/You are wearing accessories
10	ring
11	earrings
12	You are not to (wear)
13	You are not to wear make-up
14	cosmetics
15	You are not to bring
16	strict (adj.)
17	moreover
18	than
19	You are not to dye your hair
20	You are not to perm your hair
21	You are not to wear nail polish, manicure
22	belongings
23	You must clean
24	free

先生： それでは　まず　授業について　話します。一時間目は
8時50分からです。　授業の前に　ホームルームの時間が
ありますから、8時30分までに　学校に　**着かなければなりません**[1]。
ちこくしないでください[2]。学校のたて物の中で　くつを
はかないでください。スリッパを　はいてください。そして、
8時40分までに　ホームルームの教室に　**入らなければなりません**[3]。
でも、**ろうかを　はしっては　いけません**[4]。授業中　ジュースを
飲んでは　いけません。食べ物を　食べては　いけません。**ガムを
かんでは　いけません**[5]。

マリアナ： すみません。休み時間に　ジュースを　飲んでも　いいですか？

先生： はい、いいです。つぎは、**ふくそう**[6]と　**みなり**[7]の**きそく**[8]について
話します。　今　皆さんは　**アクセサリーを　していますね**[9]。
あしたから　学校で　**ゆびわ**[10]や　**ピアス**[11]などのアクセサリーを
しては　いけません[12]。**けしょうも　しては　いけません**[13]。それから、
けしょうひん[14]を　**持ってきては　いけません**[15]。

マリアナ： みなみ山高校は　きそくが　**きびしい**[16]わね。びっくりしたわ。

ジェイン： たいへんね。

日本人学生： そう　思う？

カイリー： **それに**[17]、　この高校は　私達の高校**より**[18]　きそくが　多いわね。

ジェイン： アクセサリーを　しては　いけません。**かみのけを　そめては
いけません**[19]。パーマを　かけては　いけません[20]。

カイリー： けしょうも　マニキュアも　しては　いけません[21]。

日本人学生： ニュージーランドの高校は　どう？

マリアナ： ふくそうや　みなりのきそくも　**持ち物**[22]のきそくも
ニュージーランドの方が　日本より　すくないわ。

日本人学生： ニュージーランドの高校の方が　いいわね。

カイリー： そうじも　たいへん。ニュージーランドでは　学生は
そうじしなくてもいいけど、日本では　毎日
そうじしなければならない[23]わ。

ジェイン： でも、日本では　学生は　あまり　教室を　いどうしないわ。私達は
いつも　教室を　いどうしなければならないわ。

マリアナ： それは　日本の方が　ニュージーランドより　いいと　思うわ。

日本人学生： でも、ニュージーランドの高校は　日本の高校より　**じゆう**[24]だと
思うわ。

Unit 13

B 漢字を 書きましょう

121 思 think

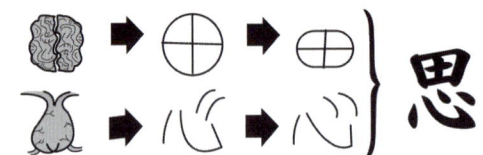

Thinking involves using the brain and the heart.

9かく

丶	冂	冂	甲	田	田	思	思
思							

- くん　おも（う）
- おん　し
- れい　思う to think
　　　思い出 memories

---

122 活 energy

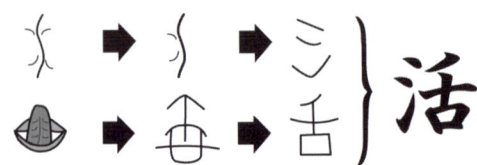

Energy for the body is got by drinking plenty of water and eating good food (as shown by the sketch of the tongue).

9かく

- くん
- おん　かつ
- れい　生活 lifestyle
　　　活動 activity

---

123 庭 garden

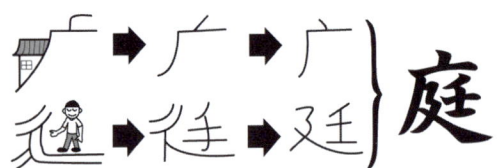

The first radical shows a dwelling on the hillside, and the second is a sketch of a person going for a leisurely stroll. Together, they mean *garden*.

10かく

- くん　にわ
- おん　てい
- れい　庭 garden
　　　校庭 playground, school yard

---

124 徒 follower, stroll, follow

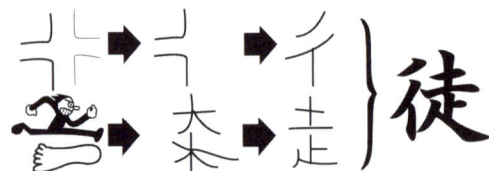

The first radical represents a road, while the second shows a person running and a footprint. Together the idea portrayed is that of a *follower* or someone who *follows* a leader.

10かく

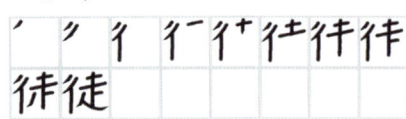

- くん
- おん　と
- れい　生徒 student

---

125 長 long, head of an organisation

Old women used to have very *long* hair. Here, the hair is blowing in the wind. The old woman also plays a significant role in the family.

8かく

- くん　なが（い）
- おん　ちょう
- れい　長い long
　　　校長 principal

126 授
bestow, give

This character shows three hands. Between the two hands is a boat, a symbol of movement between two people. This also represents the idea of someone *giving* something to another.

11かく

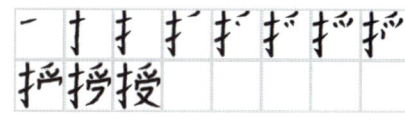

- くん　さず(ける)
- おん　じゅ
- れい　授業 (school) lesson

---

127 業
work, job, business

Time to start *work* was marked by the sounding of a gong, as shown in this kanji.

13かく

- くん　わざ
- おん　ぎょう
- れい　授業 class, (school) lesson
　　　　そつ業 graduation

---

128 毎
every

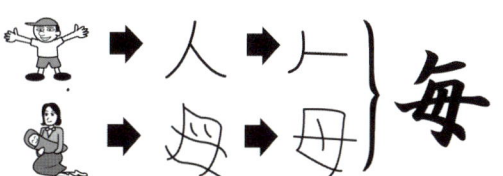

Every person (represented by the top radical) has a mother (as shown in the lower radical).

6かく

- くん　ごと
- おん　まい、ばい
- れい　毎日 everyday

---

129 外
outside

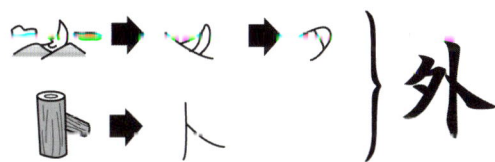

Once the moon comes up, children don't go *outside*. The radical on the right shows a fortune-teller's divining rod. Fortune-tellers only used to work *outside* at night.

5かく

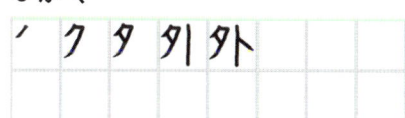

- くん　そと、ほか、はず(す)
- おん　がい、げ
- れい　外 outside
　　　　外人 foreigner

---

130 国
country

A *country* consists of a border and many people (represented by the radical, 口) and a king. The two horizontal lines represent heaven and earth.

8かく

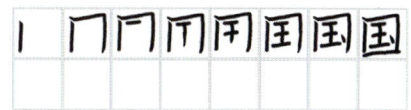

- くん　くに
- おん　こく
- れい　国 country, 中国 China
　　　　外国人 foreigner

Unit 13　191

C1 覚えましょう
I think ...

Here's another pattern to help you express your ideas politely.

57 Sentence pattern

Q	どう 思いますか？	What do you think (about this)?
A1	いいと 思います。	I think it's good.
A2	日本について たくさん 知りたいと 思います。	I (think I) want to learn much about Japan.
A3	ユースホステルに 泊まると 思います。	I think we'll stay at a youth hostel.
A4	だいじょうぶだと 思います。	I think it's okay.

 説明

1. Use 〜と 思う when you want to express your opinion in a socially humble way. You are showing that you appreciate the viewpoints and opinions of others and that you are not so forthright about your own opinions.

2. This pattern in used to express your own ideas, not the ideas of others.

3. This pattern is formed by adding 〜と 思います to the plain form of verbs, adjectives and nouns:

   True adjective:
   おもしろいと 思います。

   Nouns/quasi adjective:
   ちょっと ふくざつだと 思います。

   Verb:
   ルークくんは 電子じしょを 買うと 思います。

4. Another useful sentence including this pattern:
   私も そう 思いますが…
   I think that too but …

日本語はむずかしくないと 思います。あなたは どう？

さくらのはなは すごく きれいだと 思います。

なしは おいしいと 思います。

C2 練習しましょう

What do you think this sign says about the importance of using the ～と 思[おも]います pattern?

はっきり　with conviction

C3 練習しましょう

5
6
7
8

Our young tourists make many observations of the lifestyle and culture of the Japanese. What are they thinking in the situations below?

1　クラブ活動[かつどう]は　いいと　思います。
2　東京は　人が　多いと　思います。
3　しょどうは　たいへんだと　思います。下手です。
4　けいたい電話を　買いたいから　アルバイトを　さがしたいと　思います。
5　その電子じしょは　あきはばらで　九千円だと　思います。
6　すごく　安いね。もっと　高いと　思ったけど …。
7　日本のアパートは　せまいと　思います。
8　ちかてつは　べんりだと　思います。
9　かいてんずしは　安くて　おいしいと　思います。
10　日本のシャツは　小さいと　思います。
11　しんかんせんは　はやいと　思います。
12　ふじ山[さん]は　高くて　きれいだと　思います。
13　日本のいなかは　きれいだと　思います。

アルバイト　part-time job　　　　はやい　fast (adj.)

Unit 13

D1 覚えましょう
Comparisons

58a Sentence pattern

Q どっちの方が いいですか。　　　　　　Which do you prefer?
A 日本のおふろの方が いいです。　　　　I prefer Japanese baths.

58b Sentence pattern

日本より オーストラリアの方が 大きいです。　　Australia is bigger than Japan.

58c Sentence pattern

日本の家と オーストラリアの家では オーストラリアの家の方が 好きです。
Out of Japanese and Australian houses, I prefer Australian houses.

 Just as there is in English, there are numerous ways of expressing comparisons. They are all similar and just require simple manipulation of meaning markers. より means 'than'. Sometimes it may even be translated as 'compared with'. 方 literally means 'direction' or 'way'.

Other variations on the above include the following examples:

シドニーの店より 東京の店の方が おもしろいと 思います。
I think Tokyo shops are more interesting than the shops in Sydney.

日本の高校生は オーストラリアの高校生より 静かだと 思います。
I think that Japanese students are quieter than Australian students.

たたみと カーペットでは たたみの方が 好きです。
I prefer tatami to carpet.

D2 練習しましょう

What do the following sentences mean?

1 日本のせいふくは 私達のせいふくより かっこいいと 思います。
2 日本のこうそくは オーストラリアのこうそくより きびしいと 思います。
3 日本の食べ物の方が いいです。
4 日本より オーストラリアの方が 広いです。
5 オーストラリアのせんようの教室は 日本のせんようの教室より 多いですか。
6 ねこと 犬とでは 犬の方が 好きです。
7 すう学より りかの方が むずかしいと 思います。
8 オーストラリアの人口より 日本の人口の方が 多いです。

　人口　population　　　　　　　　こうそく　school rules

Tsumiki 2

E1 覚えましょう
You must ..., please don't ...

59 Sentence pattern

日本では 毎日 教室を そうじしなければなりません。
In Japan, you must clean the classroom every day.

60 Sentence pattern

授業中 話さないでください。　　　Please don't talk during class.

 You have already seen how to express 'you must not' (... ては いけません or ... ては だめです). To say that you **must** do something, add なければなりません to the negative verb ending as shown below. Can you see a pattern forming in relation to the final endings? To say 'Please don't do ...' add ないでください to those same endings.

English	あ (plain negative ending)	い ending	う ending	I/You must ... (using the plain negative ending)
Group 1				
Go	いかない	いきます	いく	いかなければなりません
Write	かかない	かきます	かく	かかなければなりません
Speak	はなさない	はなします	はなす	はなさなければなりません
Wait	またない	まちます	まつ	またなければなりません
Die	しなない	しにます	しぬ	しななければなりません
Drink	のまない	のみます	のむ	のまなければなりません
Read	よまない	よみます	よむ	よまなければなりません
Enter	はいらない	はいります	はいる	はいらなければなりません
Finish	おわらない	おわります	おわる	おわらなければなりません
Return	かえらない	かえります	かえる	かえらなければなりません
Meet	あわない	あいます	あう	あわなければなりません
Use	つかわない	つかいます	つかう	つかわなければなりません
Hurry	いそがない	いそぎます	いそぐ	いそがなければなりません
Play	あそばない	あそびます	あそぶ	あそばなければなりません
Group 2				
Eat	たべない	たべます	たべる	たべなければなりません
Start	はじめない	はじめます	はじめる	はじめなければなりません
Teach	おしえない	おしえます	おしえる	おしえなければなりません
See	みない	みます	みる	みなければなりません
Group 3				
Come	こない	きます	くる	こなければなりません
Do	しない	します	する	しなければなりません

Unit 13

E2 練習しましょう

How different are these school rules from those at your own school?

けいじばん

☆しゅうがく旅行は　7月10日から　19日まで。6時半に　しゅっぱつするよてい。
　カメラを　わすれないでください。

1　毎日　勉強しなければならない。
2　毎日　しゅくだいを　しなければならない。
3　ごみは　ごみばこに　入れなければならない。
4　かばんと　くつは　きれいに　ロッカーに　入れなければならない。

けいたい電話について
授業中は　けいたい電話の　電げんを　きらなければならない。
授業中は　けいたい電話で　メールを　しては　いけない。

しけんについて
つくえの上に　学生しょう、えんぴつ、けしゴムだけを　おく。
つくえの中に　きょうかしょや　ノートを　入れては　いけない。

けいじばん	noticeboard	きる	to switch off
…なければならない	plain form of なければなりません	メールを　する	to write/send email
		学生しょう	student ID
電げん	power source	きょうかしょ	textbook

E3 練習しましょう

Before visiting their sister-schools, the students from Manly and Green Bay High had strict orders from their teachers! What instructions did their teachers give them?

1　授業中　話しては　いけない。先生の話を　静かに　聞かなければならない。
2　ビルの中を　はしっては　いけない。
3　毎日　おべんとうを　持って来なければならない。
4　授業の後で　皆は　教室を　そうじしなければなりません。
5　じてんしゃは　ちゅうりんじょうに　おかなければなりません。
6　教室の中だけで　ひるごはんを　食べなければなりません。
7　ちょうれい中　校長先生の話を　聞かなければなりません。話しては　だめです。
8　トイレのスリッパを　はかなければなりません。わすれないでください。
9　大きいこえで　話さないでください。
10　授業に　ペンと　ノートを　持って来てください。わすれないでください。
11　日本人のクラスメートの前で　英語で　話さないでください。

F べんりなことば

分からないことを
聞いて下さい。
Please ask if there is anything you don't understand.

はい。
Yes.

どう思う？
What do you think?

上手。
I think it's good.

ここで くつを はいては
いけません。わすれないで
ください。
You must not wear shoes in here. Please don't forget.

G 伝えましょう

Hassan wrote this email to Richard, who didn't go on the trip to Japan. How does Heiwa Gaoka High School compare with your school?

リチャードさん

日本から はじめてのメールを おくるよ。

この高校の名前は へいわがおか高校。英語で「Peace Hill High School」 だよ。

いい名前だと 思わない？今日は へいわがおか高校の 一日目だったよ。

いそがしかった！あさ 8時20分から 5時半まで 学校に いたよ。授業の後で

かんげい会が あって、僕達は Waltzing Matilda を うたったよ。

授業について 書くよ。授業中 日本の高校生は オーストラリアの高校生より

静かだよ。ぜんぜん 先生に しつもんを しないから、びっくりした。

一つの授業の長さは 日本の方が オーストラリアより 長いよ。50分だから、

ちょっと 長いと 思ったけど、たいいくや びじゅつは 50分授業の方が いいよ。

でも、ほかのかもくは 35分授業の方が いい！日本で 外国語の かもくは

英語だけだから、ちょっと つまらない。オーストラリアは 外国語に 日本語も

中国語も ドイツ語も フランス語も あるから、オーストラリアの方が いいよ。

それから 日本の高校は せんたくかもくが すくないと 思う。この高校の学生は

ほとんど 大学へ 行くから、しょうぎょうかもくも ぎじゅつかもくも 勉強しないよ。

クラスメートは「大学の入学しけんのかもくじゃないから、勉強しない。」と 言ったよ。

あしたは 好きな すう学の授業が あるから、ちょっと 楽しみに しているよ!!

じゃ、また あした。

ハッサン

はじめての	the first	せんたくかもく	optional subject
思わない？	Don't you think? (idiom)	ほとんど	most
一日目	the first day	ぎじゅつかもく	technical subject
長さ	length		

Unit 13 197

H 伝えましょう

Andrew knows that when he returns from Japan he will have to write an article for the school magazine about school life in Japan. Are there any comments that you don't agree with?

日本と オーストラリアの学校生活(かつ)

　日本と オーストラリアの高校生活は おなじことも ありますが、ちがうことが 多いです。まず おなじことです。日本も オーストラリアも 学校のせいふくが あります。

　つぎは ちがうことです。一つ目は はき物です。日本は 学校のたて物の中で スリッパを はかなければなりませんが、オーストラリアは くつを はきます。

　二つ目は ひるごはんです。日本は 教室の中で ひるごはんを 食べますが、オーストラリアは 教室の中で 食べては いけません。木の下や やねの下の ベンチで 食べます。

　三つ目は 教室です。日本で 学生は 教室を いどうしません。学生は ホームルームの教室で いろいろなかもくの授業(じゅぎょう)を うけますから、毎あさ(まい) 授業の前に かばんの中から つくえの中に きょうかしょや ノートを 入れます。おん楽、びじゅつ、コンピュータなどのかもくだけ せんもんの教室で 授業を うけます。オーストラリアは 先生が おなじ教室で 授業を しますから、学生は いつも 教室を いどうしなければなりません。だから、いつも かばんの 中に きょうかしょや ノートを 入れなければなりません。そして かばんを 持って行かなければなりません。オーストラリアの学生は 日本の学生より いそがしいと 思います。(おも)

　四つ目は そうじです。日本は 学生が じゅん番に 教室を そうじ しなければなりませんが、オーストラリアは そうじしなくてもいいです。 日本の学生は たいへんだと 思います。

　さいごは クラブ活動(かつどう)です。オーストラリアの学校には クラブ活動が ありません。スポーツを したい学生は スポーツクラブに 入ります。おん楽や びじゅつは 学校の外(そと)に ならいに 行きます。日本のクラブ活動では 学校の友達と 練習(れんしゅう)を しますから、楽しそうです。でも、オーストラリアでは 学校の外で 練習を しますから、もっと 友達が できると 思います。

　日本と オーストラリアの学校生活は とても ちがうと 思いますが、学生は あまり ちがわないと 思います。いじょうです。

一つ目	the first
はき物	shoes, footwear
やね	roof
持って行く	to take something with you
じゅん番に	in turn
スポーツを したい学生	students who want to do sports
楽しそう	seems fun
友達が できる	to make a friend

I 伝えましょう

Kylie sent this email to Mary, a classmate in New Zealand. What are the things Kylie seems so surprised about?

メアリーさん

元気？今日は　みなみ山高校の　二日目よ。六時間目の授業の後で　マリアナさん、エミリーさん、ピーターくんと　コンピュータルームに　来たの。日本の学校生活は　おもしろいけど　たいへんよ。きそくが　たくさん　あるの。とくに　ふくそうと　みなりのきそくが　多いの。くつ下は　白か　黒か　こん色。くつの色は　じみな色。かみのけは　皆　黒。そめては　いけないの。パーマも　だめ。女の子は　長いかみのけでも　いいけど、男の子は　かみのけを　みじかくしなければならないの。どう思う？私は　きびしすぎると　思うけど、クラスメートは　「あまり　きびしくない。高校は　中学校より　じゆう。」と言うの。でも、先生は　しんせつよ。いつも　私達に「だいじょうぶ？分からないことは　ない？」と　聞くの。みなみ山高校の先生は　グリーン・ベイ・ハイ・スクールの先生より　しんせつだと思う。私のクラスは　1の2だけど、クラスメートが　40人　いて、一時間目から　六時間目まで　いっしょなの。休み時間に　たくさん　おしゃべりを　したから、すぐ　友達が　できたわ!! でも　授業中にも　となりの人と　おしゃべりを　したから　先生に　しかられた！あしたは　気を　つけるわ。

じゃ、またね。

カイリー

二日目	the second day	先生に　しかられた	I was/You were given a warning by the teacher (idiom)
どう思う？	What do you think? (idiom)		
おしゃべりを　する	to have a chat		

Unit 13

つみき新聞

日本について

センターしけんはじまる

今年も 大学の入学しけんシーズンが はじまった。まず 一月十四日と 十五日に センターしけんが いろいろなばしょで 行われる。センターしけんは 国りつ大学の入学しけんだったが、今は 私りつ大学も たくさん センターしけんに さんかしている。センターしけんの後で 二月と 三月に それぞれの 大学が 二じしけんを する。一月のおわりごろには センターしけんのけっかが でる。じゅけんせいは センターしけんの前に 大学を きめるが、けっかを 見てから、行きたい大学を かえることが できる。

行きたい大学	the university where students want to go	シーズン	season
行われる	to be held	私りつ大学	private university
おわり	the end	じゅけんせい	examinee
かえることが できる	to be able to change	センター しけん	name of an exam
国りつ大学	national university	それぞれの	respective
ごろ	about	大学の入学しけん	university entrance exam
		二じ	the second

つみき新聞

若者について

けいたい電話 パート2

日本の高校生は ほとんど皆 けいたい電話を 持っている。けいたい電話で 電話の おしゃべりより メールの方が さかんだ。メールは おしゃべりより 安くて べんりだからだ。いつでも どこでも メールを 書いて おくる。今 人気が あるメールは しゃしんの メールや ムービーメールだ。けいたい電話に 小さいカメラが あるから、皆で しゃしんや みじかいビデオを とって 友達に おくる。たとえば、ゆうめいなアイドルが ようふくの店で 買い物を している。まわりの人は けいたいで アイドルの しゃしんや どうがを とって 友達などに おくる。一番 新しいけいたい電話の 使い方は インターネットと メールと デジカメの三つだ。とても べんりだが、電話だいは 高い。

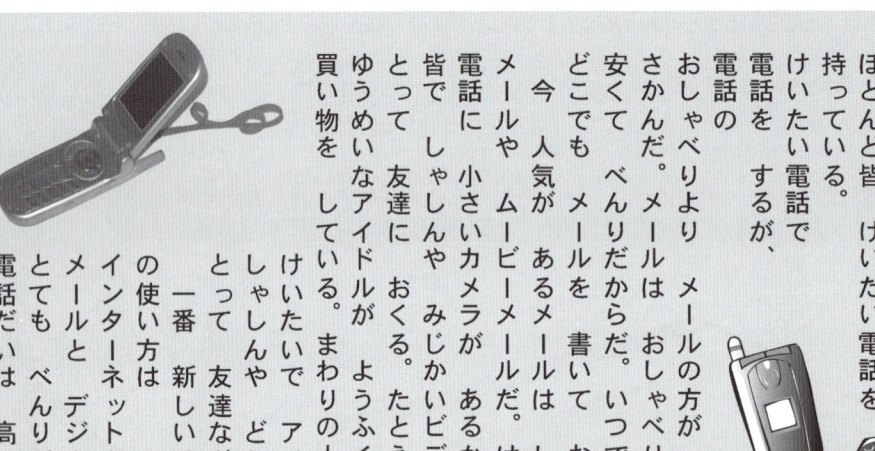

いつでも	anytime	どうが	moving picture
さかん(な)	popular	どこでも	anywhere
デジカメ	digital camera, digital video camera	まわりの人	surrounding people
電話だい	telephone fee	ムービーメール	video clip mail

J3 日本語について

フェースマーク

わかもののメールには「フェースマーク」が たくさん ある。パソコンのメールと けいたいのメールの中で いろいろなフェースマークを 使う。フェースマークは 気持ちを あらわす。たとえば

(*_*)　　え?/ショック!　　(^_^)　　うれしい/たのしい　　\(^_^)/　　ばんざい

m(_)m　ごめんなさい　　　　(´_`)　　かなしい　　　　　　(-_-;)　　どうしよう

などが ある。このマークを ぶんのおわりに 使う。

☆☆☆　二人の学生のメール　☆☆☆

ともこ: 今日 テストが おわった \(^_^)/
　　　　あした 授業の後で いっしょに 買い物に 行かない?
　　　　3時半に げたばこで。
ひろこ: オッケー。はらじゅくに 行く(^_^)

(3時半に)
ともこ: 今 そうじ中。そうじの後で すぐ 行くわ m(_)m

　　　　　　　　　　　　　*****

ひろこ: 今日 たくさん 買い物をしたね (^_^) でも、お金を たくさん 使った(*_*)
ともこ: ケーキも おいしかったね (^_^) でも 私も お金が ないの(-_-;)

フェースマークは とても べんりで おもしろいが、先生や 年上の人に 使っては いけない。友達だけに 使わなければならない。

あらわす	to show	パソコン	personal computer
気持ち	feeling	ぶん	sentence
どうしよう	Plain form of どうしましょう What shall we do?		

K チェックしましょう

つぎのしつもんに 答えてください。
1　日本と ニュージーランドとでは どっちの方が 広いですか。
2　日本の人口と かんこくの人口とでは どっちの方が 多いですか。
3　日本の学生のせいふくは オーストラリアのせいふくより 好きですか。
4　はらじゅくについて どう 思いますか。
5　日本語の勉強について どう 思いますか。
6　あなたの学校で スポーツを しなければなりませんか。
7　あなたの学校で 何を しては いけませんか。
　　(こうそくを せつめいしてください。)
8　きょうかしょを 買わなければなりませんか。
9　日本語の先生は いい先生だと 思いますか。
10　学校で ろうかを はしっては だめですか。

Unit 13

14 旅行に行こう
Let's go travelling!

Outcomes
By the end of this unit you should be able to:
- provide information about what you can do and what you like doing
- identify places of interest in Japan
- seek information about where to go and how to get there

A1 話しましょう

The students from Green Bay High are at the Youth Hostel in Takayama in the Japan Alps. They are keen to see and do as much as possible so they approach the hostel staff to get some information.

おいそがしいところ	... when you're busy	古い町なみ	an old street
町	town	乗ったら	... if I ride
かたづける	to clear away, put in order	かりる	to borrow, rent
...てから	after doing ...	見つける	to find
おまたせしました	I'm sorry for having kept you waiting	...ことが 好き	I like doing ...
		...ことが できる	to be able to ...

202　Tsumiki 2

朝市	morning market	レンタサイクル	rental bicycle
〜けん	counter for buildings	〜だい	counter for vehicles
はらう	to pay		

Unit 14

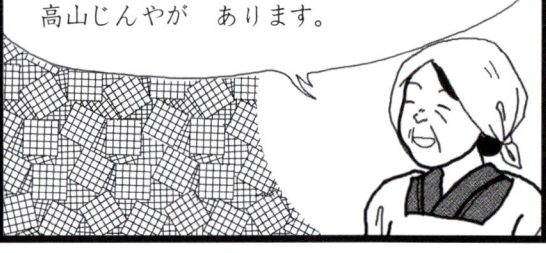

まっすぐ	straight	はしを わたる	to go across (a bridge)
高山じんや	name of an old house	しんごう	traffic lights
かみいちのまち	name of a town	まがる	to turn
道	road, street, pathway	かぶる	to put on, wear (head)
駅	station		

A2 話しましょう

Andrew and his classmates from Manly High chat firstly with the proprietor of the youth hostel where they are staying in Kyoto. The students are able to demonstrate great knowledge of Japan, a keen interest in places of historical significance and great skill in being able to communicate in Japanese.

スタッフ： 皆さん、今日は どこへ 行きましたか。
アンドルー：「さんじゅうさんげんどう」や「きよみず寺」などを 見に 行きました。とても よかったですけど、こんでいました。
ルーク： きれいなぶつぞうのしゃしんを とることが できました。
スタッフ： よかったですね。あしたは どこへ 行くよていですか。
アンドルー：「へいあんじんぐう」や「ぎんかく寺」を 見に 行きたいです。

to walk
リサ： ここから「へいあんじんぐう」まで **歩く**ことが できますか。
スタッフ： できますよ。
リサ： 何分ぐらい かかりますか。
スタッフ： 10分くらいですよ。

take a long time
ルーク：「なんぜん寺」から「ぎんかく寺」まで 歩いたら、**時間が かかります**か。
スタッフ： そうですね。30分くらい かかると 思います。
ルーク： 僕は 歩くことが 好きだから、いいよ。

between
Philosopher's Path
アンドルー：「なんぜん寺」と「ぎんかく寺」の**間に** 静かで きれいな **「てつ学の道」**が あるよ。おみやげや 食べ物の店が たくさん あるから、買い物を することが できるよ。それに、ひるごはんを 食べることが できるよ。
リサ： でも 雨が ふったら、バスに 乗りたいわ。
スタッフ： バスに 乗ったら、10分くらいですよ。
ルーク： あの、「まいこさん」に 会ったら、しゃしんを とりたいですが、どこで 会うことが できますか。
スタッフ：「やさかじんじゃ」の近くへ 行ったら、「まいこさん」を 見ることが できると 思いますよ。

スタッフ： 今日は どこへ 行きますか。

after buying …
ベン： 今日は まず 市バスの ワンディチケットを **買ってから**、「京都ごしょ」と「にじょうじょう」と「きんかく寺」へ 行きます。
ルーク： どこで きっぷを 買うことが できますか。
スタッフ： 近くのバスターミナルへ 行ったら、買うことが できますよ。
リサ： バスターミナルまで バスに 乗る？
ベン： バスに 乗ったら、220円 かかるよ。歩いて 10分ぐらいだから、歩くよ。
学生： じゃあ、行ってきます。
スタッフ： 行ってらっしゃい。

B 漢字を 書きましょう

131 町 town

In the early days, **towns** developed around a cluster of paddy fields. A sign was erected near each town to let you know its name.

7 かく

- くん　まち
- おん　ちょう
- れい　町 town

132 自 self

The **self** is represented by one's nose.

6 かく

- くん　みずか(ら)
- おん　し、じ
- れい　自動車 car, 自転車 bicycle

133 転 roll, revolt, turn, change

The first part of this kanji shows the old Japanese rickshaw. The second part shows the pile of goods **rolled** along in the rickshaw.

11 かく

- くん　ころ(がる)
- おん　てん
- れい　自転車 bicycle

134 古 old, ancient

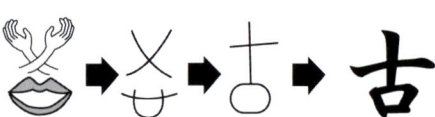

The kanji for **old** consists of 'ten' and a mouth. The idea is that it is a long time between ten generations ago and the present time. 口（くち）represents people in each generation.

5 かく

- くん　ふる(い)
- おん　こ
- れい　古い old

135 道 path, road

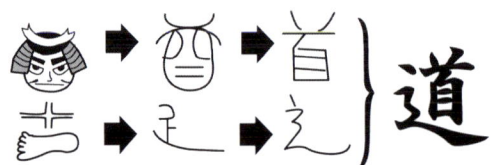

Path is represented by two radicals: the first, 辶, means 'advance', or 'go forward', and the second, 首, shows a head. As you go forward the **road** is in front of your head

12 かく

- くん　みち
- おん　どう、とう
- れい　道 road
  神道 Shintoism

136 歩
walk, steps, rate

The top part shows the left foot and the bottom part shows the right foot. They are used together to **walk**.

8 かく

くん　ある(く)、あゆ(む)
おん　ほ、ぶ、ふ
れい　歩く to walk

---

137 市
city, market

The kanji for **city** or **market place** is a sketch of the gate at the entrance to the **market place** and of the road that leads through it.

5 かく

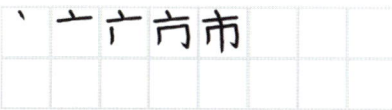

くん　いち
おん　し
れい　市 city
　　　都市 city

---

138 雨
rain

It is easy to see the **rain** falling from the clouds in this kanji.

8 かく

くん　あめ
おん　う
れい　雨 rain

---

139 社
company, Shinto shrine

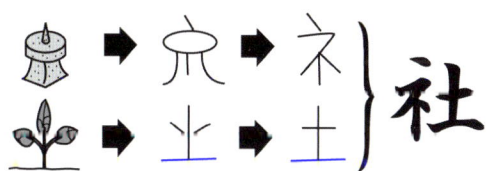

This kanji, used in the word for **shrine** (神社), shows an altar at which to pray, and the earth. God and earth are companions working together – just like people within a **company**.

7 かく

くん　やしろ
おん　しゃ
れい　社会 society, 会社 company
　　　神社 Shinto shrine

---

140 駅
station

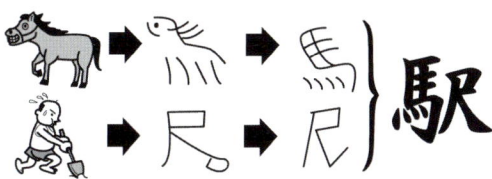

A **station** was traditionally a meeting place that was reached by horse. Men had to work with shovels to build these **stations**.

14 かく

くん
おん　えき
れい　駅 station

Unit 14　207

C1 覚えましょう
If you ...

61 Sentence pattern

a 自転車に 乗ったら、10分くらい かかります。
If you go by bike, it will take about 10 minutes.

b この道を まっすぐ 行ったら、高山駅へ 行きます。
If you go straight up this street, you'll get to Takayama Station.

c 時間が あったら、「へいあんじんぐう」も 行きたいです。
If we've got time, I'd like to go to Heian Shrine.

 The 〜たら ending conveys the idea of 'if' and is made by changing the 〜て ending to 〜たら as shown in the following chart:

English	Dictionary form	て form	If ...
Group 1			
Arrive	つく	ついて	ついたら
Go	いく	いって*	いったら*
Be, exist	ある	あって	あったら
Meet	あう	あって	あったら
Group 2			
See	みる	みて	みたら
Group 3			
Do	する	して	したら
Come	くる	きて	きたら

この道を まっすぐ 行ったら 駅に 着きます。

Notice the different meaning markers used in the above examples, particularly the を in sentence (b).

C2 練習しましょう

What do these sentences mean?

1 雨が ふっ**たら**、こうえんへ 行きません。
2 ひまが あっ**たら**、山に のぼりましょう。
3 はやく 着い**たら**、近くのレストランへ 行きましょうか。
4 しんかんせんに 乗っ**たら**、二時間ぐらい かかると 思います。
5 すしやに 行っ**たら**、うにを 食べます。
6 けいたい電話を 買っ**たら**、友達に メールします。
7 先生に 聞い**たら**、分かります。
8 しゅくだいが おわっ**たら**、あそびに 行きましょう。

ひま　　spare time　　　　　　　　のぼる　　to climb

D1 覚えましょう

I can ...

As a tourist, you will frequently need to ask what is possible and what you *can* do. This sentence pattern has numerous uses, as you would have seen in the introductory dialogues.

62 Sentence pattern

Q 駅まで バスに 乗ることが できますか。	Can we take the bus as far as the station?
A ええ、できます。	Yes, you can.
Q 歩いたら、どのぐらい かかりますか。	If we walk, how long will it take?
A 10分しか かかりません。	It will only take 10 minutes.

説明
1. Simply add ことが できる to the dictionary form of the verb to express the idea of 'can'.
2. When using しか to mean 'only', don't forget to put the verb in the negative form.

D2 練習しましょう

What do these sentences mean?

1. 午前 6時の電車に 乗ったら、ならへも ひめじへも 行くことが できます。
2. 大阪から 広島まで レールスターに 乗ることが できるけど、大阪から 東京まで レールスターに 乗ることが できません。
3. 9月に ふじ山に のぼることが できますか。
4. 電車に 乗ったら 三時間ぐらい かかりますが、しんかんせんに 乗ったら 一時間ぐらいしか かかりません。
5. 先生は 「どこへでも 行くことが できる。」と 言いました。
6. 東京ディズニーランドに 行くことが できるけど、一日中 かかります。ぎんざと あさくさと はらじゅくの方が いいと 思います。

D3 練習しましょう

If you ever attend a job interview in Japan, you may be asked the following kinds of questions. How would you reply? Can you think of any other questions you might be asked?

E1 覚えましょう

I like doing ...

You already know how to say that you like **something**. For example:
すしが 好きです。　I like sushi.

However, you frequently want to say that you like **doing** something. This pattern is very similar to pattern 61.

63 Sentence pattern

Q	何を することが 好きですか。	What do you like doing?
A1	買い物を することが 好きです。	I like shopping.
A2	テレビを 見ることが 好きです。	I like watching television.

説明　Add ことが 好きです to the dictionary form of the verb to explain what you **like doing**.
To say what you don't like doing, just change the final verb ending as shown:

乗馬を することが 好きじゃないです。
I don't like horse riding.

私は ぼうしを かぶることが あまり 好きじゃないです。
私は ぼうしを かぶることが あまり 好きでは ありません。
I don't like wearing a cap very much.

Note: ... では ありません is a polite ending.

E2 練習しましょう

What do these sentences mean?
1 古(ふる)いお寺を 見ることが 好きです。
2 日本人と 日本語を 話すことが 好きです。
3 いなかに ハイキングに 行くことが 好きです。静かで 人が すくないですから。
4 買い物に 行くことが 大好きですが、お金が ないから 何も 買うことが できません。
5 京都見物(けんぶつ)することが 大好きです。たくさんのきれいなお寺と じんじゃと 古い町(まち)が ありますね。

6 かんじを 書くことが 好きです。

7 テレビを 見ることが 好きです。

8 日本語で 話すことが 好きです。いつも、日本人は びっくりします。

見物　　sightseeing

Tsumiki 2

F1 覚えましょう
After doing ..., I ...

When you want to tell someone what you are doing or will be doing, the following pattern will be handy!

> **64 Sentence pattern**
>
> a ワンディチケットを　買ってから、きよみず寺まで　バスに　乗りました。
> **After** buy**ing** a One Day Ticket, we took a bus to Kiyomizudera.
>
> b テニスを　してから、えいがを　見に　行きましょう。
> **After** play**ing** tennis, let's go and see a movie.

説明 | This pattern is used when you are describing what you **will do** or **did** after doing something else.

F2 練習しましょう

What do these sentences mean?
1. ひるごはんを　食べてから、家を　出ました。
2. ひめじに　着いてから、ぎんこうに　行きました。
3. あさごはんを　食べてから、電車で　ならへ　行きました。
4. 駅の前で　友達に　会ってから、きっぷを　買って　高山までの電車に　乗りました。

G べんりなことば

There are two common words for 'free' – ただ and むりょう. ただ is more casual than むりょう and can be used amongst your friends in casual conversations like the one below.

H 伝えましょう

While Luke was in Kyoto he wrote this postcard to his host family in Hiroshima. Where has he been and what does he plan to do tomorow?

9月16日

お父さん、お母さん、ゆうじくん　お元気ですか。
今　京都のユースホステルに　泊まって、かんこうを
しています。今日、京都ごしょ、「にじょうじょう」、
「きんかく寺（じ）」などへ　行きました。京都は　お寺や
じんじゃが　多いですね。きんかく寺は　とても
きれいでした。しゃしんを　とることが
好きですから、たくさん　とりました。でも、お寺の
はいかんりょうが　とても　高かったです。
びっくりしました。きれいなおみやげが　たくさん
ありましたけど、高かったから　あまり　買うことが
できませんでした。ざんねんです。あしたは
「きよみず寺（てら）」や「さんじゅうさんげんどう」へ　行く
よていです。時間が　あったら、「へいあんじんぐう」も
行きたいです。では、また。

ルーク

〒729－6144

広島市東区中町1－23

古田　ゆうじ様（さま）

　はいかんりょう　　admission fee of a temple

I 伝えましょう

The students from Green Bay High wrote this letter, expressing their gratitude to the staff of the Takayama youth hostel where they stayed. What did they say?

ユースホステルの皆さん

今日　私達は　ニュージーランドへ　帰ります。いろいろ　ありがとうございました。
私達は　分からないことが　たくさん　ありましたから、皆さんに　よく　しつもんを
しました。おふろの入り方、トイレの使い方、せんたくきの使い方、ごみのすて方…。
でも　皆さんは　私達に　しんせつに　教えてくれました。ばんごはんの後で
いっしょに　話しましたから、日本について　たくさん　知ることが　できました。
皆さんのおかげで　楽しく　すごすことが　できました。ニュージーランドへ
来たら、ぜひ　私達に　知らせてください。オークランドを　あんないしたいと
思います。2日間　ほんとうに　お世話になりました。ありがとうございました。
また　会うことが　できたら、うれしいです。

エミリー、カイリー、ジェイン、スコット、ターニャ、マリアナ、ピーター

　教えてくれました　you taught us　　　知らせてください　Please let me know
　　おかげで　　Thanks to (you)

つみき新聞　日本について

お寺とじんじゃ

お寺と　じんじゃは　おまいりのし方が　ちがいます。

お寺

お寺の入り口のもんを　とおります。たて物の前で　おさいせん（お金）を　さいせんばこに　入れます。かおの前で　手を　あわせて、おじぎを　します。

じんじゃ

じんじゃの入り口に　とりいが　ありますから、とりいの下を　とおります。手と口を　洗った後で　たて物の前へ　行きます。おさいせんを　さいせんばこに　入れます。上から　なげては　いけません。すずが　あったら、すずを　ならします。おさいせんを　入れる前に　二かい　おじぎを　します。手を　うって　一かい　おじぎを　したら　もっと　ていねいです。すこし　後ろに　さがってから　じんじゃを　出ます。

お寺で　手を　うっては　いけません。じんじゃだけで　手を　うちます。気を　つけましょう。

洗った後	after having washed	手を　あわせる	to join hands
うつ	to clap	とおる	to pass, go through
おじぎ	bow	とりい	a gateway to a shrine
おまいり	a visit	なげる	to throw
さがってから	after going backward	ならす	to ring
すず	bell	もん	gate

つみき新聞　若者について

高山の「はくせん流し」

高山のひだ高校では　毎年　三月のそつぎょうしきに　三年生が　「はくせん流し」を　行う。「はくせん流し」は　男子学生のぼうしの白いせんと　女子学生の白いスカーフを　ぜんぶ　つないで　近くのかわに　流す。わかれのうたも　うたう。ひだ高校は　むかし　男子校だったので、その時は　ぼうしの白いせんだけを　つないだ。今は　女子学生も　いるので、女子は　せいふくの　スカーフを　いっしょに　つなぐ。

三年生は　皆で「はくせん」を　持って、かわへ　行く。「はくせん」は　かわに　流すが、一年生と　二年生が　後で　「はくせん」を　かわから　ひろう。

高山の三月は　ゆきが　ある。まだ　とても　さむいが、かわに　とびこむ学生が　いる。今年も　二、三人の　男子学生と　女子学生が　かわに　入った。

行う	to do, make, perform	つなぐ	to tie, connect
かわに　とびこむ	to jump into the river	流す	to let (something) flow
女子	female	ので	because
せん	line	はくせん	white line
そつぎょうしき	graduation ceremony	ひろう	to pick up
その時	at that time	むかし	old days
男子	male	わかれのうた	farewell song

Unit 14

つみき新聞

日本語について
交通機関でのアナウンス

皆さんは 日本の電車や バスに 乗ったら、いろいろな アナウンスを 聞きます。電車の中では

1 「つぎは （駅の名前） です。（店の名前） を ごりようの方は この駅が べんりです。お出口は 右がわ／左がわです。」という アナウンスが あります。駅の名前と 駅の近くの たて物や 店の名前も 言います。

2 「体が ふじゆうな かたや お年よりに せきを おゆずりくださいますよう おねがいします。」というアナウンスも あります。電車には たいてい ゆうせんせきが ありますが、体が ふじゆうな人や お年よりのせきしか ありません。

3 「けいたい電話のごしようは まわりのおきゃくさまのごめいわくに なりますので ごえんりょください。」という アナウンスが よく あります。わかい人が 電車の中で けいたい電話で 電話や メールを するからです。

4 駅のホームも アナウンスが とても 多いです。

5 「まもなく （ホームの番号）番せんに （しゅうてん）行きの電車が まいります。きけんですから、白せんのうちがわまで さがって お待ちください。」
「（駅の名前）行きの電車は まもなく はっしゃします。しまるドアに お気を つけください。」

6 「まいど ごじょうしゃ ありがとうございます。このバスは （しゅうてん）行きです。（駅の名前）にとまります。」とアナウンスが あります。バスは ぜんぶの ていりゅうじょに とまりませんから バスを おりたかったら、ボタンを 押さなければ なりません。

7 「つぎは （ていりゅうじょの名前） です。おおりの方は ボタンを 押してください／ボタンで お知らせください。」と アナウンスが あります。

ときどき いろいろなきっぷについて アナウンスが あります。日本の電車、電車のホーム、バスの中は いつも アナウンスが いっぱいです。

うちがわ	inside
おおりの方	people getting off (a vehicle)
おきゃくさま	guests, passengers
おゆずり	to offer
おりる	to get off (a vehicle), get down
お年より	senior citizens, old people
ごしよう	users
ごめいわく	trouble, annoyance, nuisance
ごりょうの方	users
さいきん	recently
しまるドア	closing doors
しゅうてん	destination
せき	seat
ていりゅうじょ	bus stop
という	saying, meaning
番号	number
番せん	track number
はっしゃする	to leave, depart
ホーム	platform
まいど	patronage
まわり	surrounding
ゆうせんせき	priority seats
行き	bound for
ゆずる	to relinquish, give up, offer
体が ふじゆうな人	handicapped person

K チェックしましょう

a つぎのことばは 英語で どういういみですか。
1 京都市に 行ったら、きよみず寺を 見なければなりません。
2 この道を 歩いたら、おもしろいビルを 見ることが できます。
3 駅から お寺まで 都市バスで 10分しか かかりません。
4 お母さんは 私が いっしょうけんめいに 勉強したら、日本へ 行くことが できると 言います。

b つぎのしつもんに 答えてください。
1 ひまが あったら、何を することが 好きですか。
2 お金が あったら、何を 買いたいですか。
3 毎日 学校に 着いてから、何を しますか。
4 しゅうてんに 着いてから、何を しなければなりませんか。
(ことばが 分からなかったら、じしょを 使ってください。)

どういういみですか　What does it mean?

Glossary Japanese–English

あ

Aブロック	A-Block	93
あー	Oh!	17
あいいろ、「あい色」	indigo (n.)	80
あいさつ	greet (v.)	162
あいだに、「…と…の間に」	between … and …	205
あう、会います、「会う」	meet (v.)	3
あお、「青」	blue (n.)	80
あおい、「青い」	blue (adj.)	74
あか、「赤」	red (n.)	80
あかい、「赤い」	red (adj.)	80
あかるい	bright (adj.)	81
あき	autumn	140
アクセサリーを する	wear accessories (v.)	189
あげる、あげます	give (v.)	138
あし、「足」	leg	107
あそこ	over there	92
あそぶ、あそびます	play (v.)	71
あたたかい	warm (adj.)	36
あたま	head	109
あたまが いい	intelligent	114
あたらしい、「新しい」	new, fresh (adj.)	20
あつい	hot (weather) (adj.)	3
あつい	hot (adj.)	36
あなご	eel	52
あぶない	dangerous (adj.)	20
あまい	sweet (adj.)	20
あめ、「雨」	rainy	36
あめが ふっている、「雨が ふっている」	It's raining	36
ある、あります	there is/are/exists (v.)	15
あるく、あるきます、「歩く」	walk (v.)	58
アルバイト	part-time job	193
あるひ、「ある日」	one day, a certain day	25
アンザックビスケット	Anzac biscuit	123
あんないじょ	information	58
あんないする、あんないします	show, guide (v.)	90

い

いい（よい）	good (adj.)	20
いいなあ	That's great	16
いいゆかげん	the perfect temperature	179
いう、…（と）いいます、…（と）「言う」	He/She says that …	138
いえ	house	67
いか	squid, cuttlefish	52
いきさき、「行き先」	destination	162
いきたい、「行きたい」	I want to go	28
いくら	salmon roe	52
いくらでしたか	How much was it?	14
いくらですか	How much is it?	15
いけ	pond	33
いじょうです	That's all	137
いじんかん	a building where foreigners lived	153
いそがしい	busy (adj.)	20
いたい	sore, painful (adj.)	124
いちにちじゅう、「一日中」	all day long	69
いちにちめ、「一日目」	the first day	197
いちばん あたらしい、「一番 新しい」	the newest	15
いっかい「一かい」	first floor (the ground floor)	90
いっさつ「一さつ」	one book	164
いっしょうけんめい	through hard work, earnestly	137
いっしょに	together	2
… 行ったことが ありますか	Have you been to …?	151
いってきます、「行ってきます」	I'll be back soon	60
いっぱい	full, a lot, one bowl/cup full	107
いどうする、いどうします	change, transfer (v.)	91
いなか	country, rural	107
いらっしゃいませ	Welcome	15
いりぐち、「入り口」	entrance	58
いる、います	be, am, is (v.)	1
イルカ	dolphin	65
いれる、（…に）いれます、「入れる」	put in, insert (v.)	94
いろ、「色」	colour	74
いろいろ おせわに なりました、「お世話に なりました」	I/We appreciate the many ways in which you have cared for us	123

う

ううん	No	17
うえ、「上」	on top of	67
うける	receive (v.)	163

うしのちちしぼりをする、「牛のちちしぼりをします」	milk a cow (v.)	110
うしろ	behind	59
うた	song	121
うたう、うたいます	sing (v.)	24
うつくしい	beautiful (adj.)	20
うで	arm	110
うに	sea urchin	52
うまいなあ	It's delicious, isn't it?	159
うまに のる、うまに のります、「馬に 乗ります」	ride a horse (v.)	109
うまのせわ、「馬のせわ」	looking after horses	109
うみ	beach, sea	8
うらやましい	envious, enviable (adj.)	20
うる、うります	sell (v.)	82
うわあ	Wow!	58
うんどうじょう	playing fields, playground	94

え

え	picture	106
えーと	umm	58
えき	station (railway station)	204
えさ	food, bait	108
えび	prawn	52
えん、「円」	yen	14
えんげきの教室	drama classroom	102
えんりょを している、えんりょを しています	(He/She is) reserved, reticent	139

お

おいしい	delicious (adj.)	20
おおい、「多い」	many (adj.)	49
おおきい、「大きい」	big (adj.)	20
オークランド・ズー	Auckland Zoo	30
おおさかじょう	Osaka Castle	35
おおらか（な）	generous	131
おかね、「お金」	money	87
おくる、おくります	send (v.)	129
おこのみやき	okonomiyaki, savoury pancake	25
おこめ	rice grain	178
おしえてください、「教えてください」	Please tell me (teach me)	11
おしえてくれました、「教えてくれました」	You taught us	212
おしえる、おしえます、「教える」	teach (v.)	91
おしゃべりを する	have a chat (v.)	199
おす、「押す」	push (v.)	171
おすすめ	recommendation	53
おせわに なりました	Thank you for your hospitality	1
おそい	slow (adj.)	110
おそくなって すみません	I'm sorry I'm late	93
おちる、おちます	fall (v.)	125
おつかれさま	You (too) must be exhausted	110
おつかれさまでした	You must be exhausted	110
オッケー	okay	124
おつり	change (money)	16
おと	noise	64
おとこのこ、「男の子」	boy	66
おとこのひと、「男の人」	man	66
おとこぶろ、「男ぶろ」	male bathroom	170
おととい	the day before yesterday	3
おとな、「大人」	adult	69
おどる、おどります	dance (v.)	125
おなかが すきました	I'm hungry	54
おなじくらいです	… is about the same as …	44
おにぎり	rice ball	50
おねがい	request	35
おねがいします	please, request	125
おはぎ	rice dumpling covered with bean jam	3
おぼえる、おぼえます、「覚える」	remember (v.)	140
おまたせいたしました	I'm sorry to have kept you waiting	15
おみやげ	souvenir	30
おもい	heavy (adj.)	184
おもいで、「思い出」	memory	186
おもう、「思う」	think (v.)	186
おもしろい	interesting (adj.)	20
おもちゃ	toy	185
おもわない、「思わない？」	Don't you think?	197
おゆ	bathtub (lit. hot water)	171
およいでいる、およいでいます	am swimming (v.)	67
およぐ、およぎます	swim (v.)	67
おれ	I (boys and men only)	159
オレンジ	orange (n.)	80
おわりのあいさつ	final greetings	125
おんがくしつ「おんがく室」	music room	102
おんなのこ、「女の子」	girl	66
おんなのひと、「女の人」	woman	66
おんなぶろ、「女ぶろ」	female bathroom	170

か

か	mosquito	110
か	or	133
カート	(supermarket) trolley	138
かいてんずしの みせ	sushi train	43
かいものを する、	shop (v.)	3

かいものを します、「買い物をする」		
かえる、かえります、「帰る」	return (v.)	3
かかる	take (time), cost	172
かき	oyster	43
がくせいしょう、「学生しょう」	student ID	196
かざる、かざります	decorate (v.)	125
かしこい	smart (adj.)	114
かしこまりました	I'll do whatever I can to assist you	23
かぜが あります	It's windy (There is wind)	36
かぜを ひく、がぜを ひきます	I/You catch a cold	87
かたち	shape	185
かたづける	clear away (v.)	202
かつお	bonito	52
かてい、「家庭」	home	186
かていかのきょうしつ、「家庭科の教室」	home economics classroom	102
かていかのたてもの、「家庭科の建物」	home economics building	102
かなしい	sad (adj.)	118
カヌーを こぐ、カヌーを こぎます	paddle a canoe (v.)	110
かねもち、「金持ち」	rich (person)	166
かばん	bag	11
かぶとむし	beetle	110
かぶる	put on/wear (v.)	204
かみ	paper	173
かみさんのまち	name of a town	204
かみのけ	hair	133
ガムを かむ	chew gum (v.)	189
かものはし	platypus	185
から	because	29
からだ、「体」	body	107
からだに いい	good for the body (you)	42
かりる	borrow, rent (v.)	202
かる、かります	cut, shear (hair) (v.)	107
かわ	river	33
かわいい	cute (adj.)	20
かわいそう（な）	pitiable, poor	93
かん	can (container)	173
かんげいかい	welcome party	146
かんこうする	go sightseeing (v.)	152
かんたん（な）	simple	121
かんばん	sign, signboard, notice	81

き

キーホルダー	key holder	138
きいろ、「き色」	yellow (n.)	75
きいろい、「き色い」	yellow (adj.)	80
キウイ	kiwi	30
キウイジュース	kiwi juice	125
きかん	period, term, time	188
きく	chrysanthemum	129
きく、ききます、「聞く」	ask (v.)	94
きこえる、きこえます、「聞こえる」	can hear (v.)	64
ぎじゅつかもく	technical subject	197
ぎじゅつの じっしゅうしつ「室」	art workshops	102
きそく	rules	189
きたこうこう、「きた高校」	North Senior High	125
きたない	dirty (adj.)	20
きてみる、きてみます、「着てみる」	try on (and see what it's like) (v.)	75
きのう	yesterday	3
きびしい	strict (adj.)	189
きめる	decide (v.)	152
きもちが いい	It was a great feeling	110
キャンプする、キャンプします	camp (v.)	147
きょうかい	church	85
きょうかしょ	textbook	196
きょうしつ、「教室」	classroom	102
きょうとう（せんせい）	head teacher (deputy principal)	104
きょうとごしょ、「京都ごしょ」	Kyoto Imperial Palace	164
きょうりょく	cooperation	188
きょうりょくする	cooperate (v.)	188
きょねん	last year	7
きらい（な）	dislike	3
きる	switch off (v.)	196
きる、きます、「着る」	wear (v.)	81
きれい（な）	pretty, clean	10
きを つけてください	Please be careful	107
きを つける、「気を つける」	be careful	107
きんいろ、「金色」	gold (gold colour) (n.)	80
ぎんいろ、「ぎん色」	silver (silver colour) (n.)	80

く

くうこう	airport	162
くさ	grass	110
くさい	smelly (adj.)	20
くすり	medicine	136
くだもの	fruit	47
くち、「口」	mouth	113
くちばし	bill, beak	108
くつ	shoes	25
くつを きちんとして	place your shoes neatly	173
くび	neck	108
くもり	cloudy	36
くらい/ぐらい	about	137
グランド	ground, playground	50
くり	chestnut	54

グリーン	green (n.)	80
クリスマスのやすみの あいだに、「休みの間（に）」	during the Christmas holidays	147
くろ、「黒」	black (n.)	80
くろい、「黒い」	black (adj.)	77

け

け	hair	107
けいかくを たてる	plan (v.)	151
けいけん	experience, adventure	107
けいじばん	noticeboard	196
けいと	wool (spun wool)	118
けしき	scenery	134
けしょうひん	cosmetics	189
けしょうを する	put on make-up (v.)	189
けす	turn the light off (v.)	173
けっこう	No thank you	54
げんき（な）、「元気」	healthy	10
けんぶつ、「見物」	sightseeing	210

こ

こ	counter for pieces	137
こうきょ	Imperial Palace	162
こうそく	rules	194
こうちょうしつ、「校長室」	principal's office	102
こうていペンギン	emperor penguin	69
こえ	voice	64
こおり	ice	70
ここ	here	90
ごご、「午後」	afternoon	162
ごぜん、「午前」	morning	71
こっち	here (same meaning as ここ)	94
こまる、こまります	be troubled, perplexed, confused (v.)	148
ごみ	rubbish	94
ごみばこ	rubbish bin	94
ごめんね	I'm sorry	71
こもの、「小物」	small articles	202
ころぶ、ころびます	fall over (v.)	93
こわい	scary (adj.)	20
こんいろ、「こん色」	navy blue (n.)	80
こんでいました	was crowded (v.)	25

さ

さあ	come on	58
サーキュラー・キー	Circular Quay	29
サーモン	salmon	52
さいごに	lastly	125
さいふ	purse, wallet	87
さがす、さがします	look for (v.)	93
さかな	fish	42
さく	bloom (v.)	167
さくぶん	essay, composition	137
さくら	cherry blossom	81
さくらのはな	cherry blossom flower	167
さけ	alcohol	50
ざっし	magazines	173
さびしい	lonely (adj.)	11
サフォーク	suffolk, type of sheep	117
さむい	cold (adj.)	36
さめ	shark	60
さわる、さわります	touch (v.)	129
さんかする	participate (v.)	184
ざんねんですが …	It is unfortunate but …	49

し

しあい	game, match, event, tournament	161
しか	deer	152
しかい	chairperson, master of ceremonies	122
… しか … ない	only	209
じかんが かかる、「時間が かかる」	take time (v.)	205
しく	lay out, spread (v.)	176
じこくひょう	timetable	172
じこしょうかいする	introduce oneself (v.)	187
じしょ	dictionary	34
じしん	earthquake	151
しずか（な）「静か（な）」	quiet, peaceful	10
しずかに、「静かに」	quietly (adv.)	92
しぜん	nature	185
した	tongue	113
した,「下」	underneath	67
しつ,「室」	room	90
じっけんしつ、「じっけん室」	laboratory	103
じっしゅうしつ、「じっしゅう室」	laboratory, workshop	92
しっている、しっています、「知っている」	know (v.)	11
しっぽ	tail	113
しつもんする、しつもんします	ask questions (v.)	24
しつれい（な）	rude	10
しつれいします	I am sorry (for interrupting you). (Lit. I am rude)	2
しない	sword	184
しぬ	die (v.)	158
しばふ	grass	92
じぶんたち、「自分たち」	our own	103

しまいこう、「しまい校」	sister-school	151
じみ（な）	simple, plain	75
じむしつ、「じむ室」	office	93
しゃしんを とる、しゃしんを とります	take photographs (v.)	3
じゆう	free, freedom, liberty	189
しゅうかん	custom, habit	137
しゅうごうする	meet, gather (v.)	162
じゅうしょ	address (where one lives)	153
しゅうまつ	weekend	27
しゅうまつに	on the weekend	7
じゅぎょうちゅう、「授業中」	during class	93
じゅぎょうを うける	take lessons (v.)	163
しゅっぱつする	leave (somewhere) (v.)	162
しゅと	capital city	151
じゅんばんに	in turn	198
じゅんびする、じゅんびします	prepare (v.)	122
しょうかい	introduction	104
しょうかいする、しょうかいします	introduce (v.)	69
しょうぎょうかもく、「授業かもく」	business subjects	94
しょうぎょうかもくの たてもの、「建物」	business subjects building	102
じょうず（な）「上手」	skilful	10
じょうば、「乗馬」	horse riding	109
しょくいんしつ、「しょくいん室」	staff room	90
しらせる、知らせる	let me know (v.)	212
しらべる	investigate (v.)	151
しりません、知りません	I/You don't know	11
しろ、「白」	white (n.)	75
しろ、じょう	castle	81
しろい、「白い」	white (adj.)	80
しんごう	traffic lights	204
じんこう、「人口」	population	194
じんじゃ	Shinto shrine	3
しんせき	relation, relatives	137
しんせつ（な）	kind(ness)	10
じんべいざめ	whale shark	165

す

すいぞくかん	aquarium	28
スーパー	supermarket	138
すき（な）、「好き」	like	10
すぎる、すぎます	exceed, pass (v.)	43
すくない	a few, little (adj.)	74
すごく	very	34
すこし	a little	28
すごす、すごします	spend (time), pass (time) (v.)	118
すしや	sushi shop	42
すずしい	cool (adj.)	36
ずっとまえに	a long time ago	7
すてる	throw away (v.)	173
スピーチ	speech	123

せ

せいかつ、「生活」	life	24
せいじか	politician	64
せいしつ	nature, disposition	137
せいとかいちょう、「生徒会長」	the president of a student council	188
せき	seats	187
せっけん	soap	171
せつめい	explanation	176
ぜひ	Of course, please	1
せまい	narrow, small (adj.)	50
せんげつ、「先月」	last month	7
せんざい、「洗ざい」	detergent	172
せんしゅう、「先週」	last week	7
せんせいがた、「先生方」	polite form of 先生達	188
せんせいに しかられた、「先生に しかられた」	I was/You were given a warning by the teacher	199
ぜんぜん だめでした	It was really bad	55
せんたくかもく	optional subject	197
せんたくき、「洗たくき」	washing machine	171
セントメリーズ カテドラル	St Mary's Cathedral	85
ぜんぶ	all of them	58
せんようのきょうしつ、「せんようの教室」	classrooms for specific subjects	91

そ

そうじする	clean, sweep (v.)	189
そうべつかい	farewell party, send-off	122
そこ	there	97
そつぎょうしき	graduation ceremony	103
そば	next to, beside	66
そめる	dye (v.)	189
それから	and then	77
それでは	so, then	125
それに	moreover	189
それに します	I'll take that	77

た

たい	sea bream	43
だい	title, topic, theme	125
だい	counter for vehicles	203
たいいくかん	gymnasium	94

たいざいする、たいざいします	stay, visit (v.)	145
だいじ（な）	important	176
だいすき（な）、「大好き」	like a lot	24
だいだいいろ（色）	orange (n.)	80
たいへん	highly, extremely, very much	3
たいへん（な）	hard, difficult, terrible	10
たかい、「高い」	expensive (adj.)	15
たかやまじんじゃ、「高山じんじゃ」	name of an old house	204
たく	boil (v.)	178
たくさん	a lot, much (adv.)	140
だけ	only	64
たこ	octopus	52
たたむ	fold (v.)	173
たつ、たちます	stand (v.)	107
タックス	tax	16
たてもの「たて物」	building	93
たのしい、「楽しい」	enjoyable, fun (adj.)	20
たのしそう、「楽しそう」	seems fun	198
たのしむ、たのしみます、「楽しむ」	enjoy (v.)	188
たべてみますか、たべてみる、「食べてみる」	Will you try it?	43
たまごやき	Japanese-style omelette	3
ダム	dam	33
だめ	in vain, useless, won't do	55
だるま	New Year's doll	83
だれに	who for	77
タロンガ・ズー	Taronga Zoo	29
たんこうぼん、「たん行本」	a book of short stories	165

ち

ちいさい、「小さい」	little (adj.)	20
ちがう、ちがいます	different (v.)	91
ちかくに、「近くに」	nearby (adv.)	59
ちこくする	be late (v.)	189
ちず	map	58
チャイナタウン	Chinatown	153
ちゃいろ、「茶色」	brown (n.)	75
ちゃいろい、「茶色い」	brown (adj.)	80
ちゅうりんじょう	bicycle parking area	97
ちょうれい	school assembly	94
ちょっとおまちください、「ちょっとお待ちください」	Please wait a moment	15
ちょっとだけ	only a little	140

つ

ツアー	tour	90
つかう、つかいます、「使う」	use (v.)	170
つかれました	I'm exhausted	110
つぎ	next	138
つくりかた、「作り方」	how to make	121
つくる、つくります、「作る」	make (v.)	51
つける	turn/put on (a light) (v.)	173
つちのうんどうじょう	dirt playing field	103
つまらない	boring (adj.)	20
つもり	intention	153
つよい、「強い」	strong (adj.)	114
つるがおかはちまんぐう	shrine in Kamakura	162
つれて いく、つれて いきます、「つれて 行く」	Will you take (someone)? (v.)	30

て

でかける「出かける」	go out (v.)	160
…てから	after … ing	202
できごと	incident, event	125
できれば	if I can, if it is possible	35
…でした	Past tense of です	1
てつがくのみち、「てつ学の道」	name of a street	205
てつだう、てつだいます、「手伝う」	help (v.)	133
では …	well …	2
…ては いけません	You must not …	125
でんきを つける、「電気を つける」	put the light on (v.)	173
でんげん、「電げん」	power source	196
てんとうむし	ladybird	110

と

ドアを ノックします	knock on the door (v.)	90
どういういみですか	What does it mean?	215
どう思う？	What do you think?	199
どうして	why	41
どうしましたか	What's happened?	93
どうしましょう（か）	What shall we do?	15
どうする？	What will we do?	17
…（に）どうぞ よろしく	Give my regards to …	2
どうぞ よろしくおつたえください	Please say hello to … (for me)	3
とうちゃくする	arrive at/in a place (v.)	162
どうぶつえん、	zoo	34
とおい、「遠い」	far (adj.)	59
とくい（な）	forte, strong point	134

とくべつ（な）	special	121
どこか	somewhere	27
としょかん	library	6
どちら	which	80
とっきゅう「ひだ」	an express train	154
どっち	which	108
とっても	very	60
とても	very	3
となり	next, neighbouring	59
となりのいえのひと、「となりの家の人」	next door neighbours	137
どのぐらい…？	How long …?	146
とまっている、「泊まっている」	are stopped (v.)	110
とまる、とまります	perch, sit (v.)	110
とまる、とまります、「泊まる」	stay, visit, lodge (v.)	151
ともだちが できる、「友達が できる」	I/You make a friend	198
ドラマ	drama	125
とりい	gate	81
とる	remove (v.)	173
とる、とります	capture, eradicate, get, trap (v.)	134
とろ	best tuna (belly)	52

な

ながい、「長い」	long (adj.)	20
ながさ、「長さ」	length	197
ながす、「流す」	flush (v.)	171
なかにわ、「中庭」	quadrangle	94
… なし	without …	53
なぜ	why	160
なつ	summer	167
なっとう	fermented soy beans	3
なつやすみのあいだ（に）、「なつ休みの間（に）」	during the summer holidays	147
なにけん、「何犬」	what (sort of) dog	117
なにを しに いきますか、「何を しに 行きますか」	What are we going to do?	27
なんでも いい	Whatever is fine	33

に

にあう、にあいます	suits (v.)	75
におい	smell (n.)	25
にかい,「二かい」	twice	71
にぎやか（な）	lively, cheerful, bright	1
にじ	rainbow	76
にしこうこう、「にし高校」	West Senior High	140
にしゅうかん、「二週間」	two weeks	134
にじょうじょう	name of a castle	152
について	about	24
にっこう	place name	162
にている、にています	resemble (v.)	120
にどめ「二ど目」	twice/the second time	170
ににんばおり	name of a game	123
にねんまえに、「二年前に」	two years ago	7
にゅうがくしき、「入学しき」	school entrance ceremony	103
にゅうじょうりょう、「入じょうりょう」	admission fee	69
にんきが ある、にんきが あります、「人気がある」	popular	74

ぬ

ぬぐ	take off (v.)	178

ね

ねずみいろ、「ねずみ色」	grey (mouse colour) (n.)	80
ねだん	price	44
ねぼうを する	get up late (v.)	184
ねむい	sleepy (adj.)	132

の

のぼる	climb (v.)	208
のりもの、「乗り物」	rides	69
のる、のります、「乗る」	ride (v.)	58

は

は	tooth, teeth	113
パーマを かける	perm hair (v.)	189
はいいろ、「はい色」	grey (ash colour) (n.)	80
はいかんりょう	admission fee of a temple	212
はいっています	That includes everything	16
ばいてん、「売店」	stand, stall, canteen,	59
はいる、はいります、「入る」	enter (v.)	74
はいるまえに、入る前	before you get into	171
はきもの、「はき物」	shoes/footwear	198
はく	put on/wear (v.)	171
はくぶつかん	museum	33
はこ	box	117
はこぶ、はこびます	carry (v.)	125
はじめて	for the first time	71

はじめてください	Please start	125
はじめての	the first	197
はしる、はしります	run (v.)	110
ばしょ	place	164
はしを わたる	cross (a bridge) (v.)	204
はずかしがりや	shy, bashful, coy (when referring to someone else)	139
はせでら	temple in Kamakura	162
はた	flag	83
はたけ	field (farm)	114
はっきり	conviction	193
はっぱ	leaves	167
はっぴょう	public speaking	93
はっぴょうする、はっぴょうします	present, announce, publish, release (v.)	137
はで（な）	showy, bright, colourful	74
はな	nose	113
はなし、「話」	talk, conversation, speech	64
はなす、はなします、「話す」	speak (v.)	1
バナナ	banana	47
はね	feather	113
はやい	fast (adj.)	193
はる	spring (season)	167
はれ	fine	36

ひ

ピアス	earrings	189
ビーフジャーキー	beef jerky	138
ひく、ひきます	play (the piano) (v.)	91
びじゅつかん	art gallery	33
ひだり、「左」	left	59
びっくりしました	I was surprised	55
ひっぱる	pull (v.)	172
ひどい	terrible, dreadful (adj.)	55
ひとつ「一つ」	one	35
ひとつずつ、「一つずつ」	one of each	77
ひとつめ、「一つ目」	the first	198
ビニールふくろ	plastic bag	173
ひま	spare time	208
ひめじ	Himeji (City)	81
びょう	second/s	171
ひらく、ひらきます	hold (a party) (v.)	121
ビリーティー	billy tea	121
ひるごろ	about lunchtime	163
ひろい、「広い」	spacious, wide (adj.)	50
びん	bottles	173
ピンク	pink (n.)	75

ふ

ぶ	department	184
フェアリーペンギン	fairy penguin	60
フォックス・スタジオ	Fox Studio	28
ふかみどり	dark green (n.)	80
ふくこうちょうせんせい	vice principal	93
ふくこうちょうせんせいのへや	vice principal's office	93
ふくざつ（な）	complicated, intricate	176
ふくそう	clothes	189
ふくろ	bag, sack	173
ふじさん	Mt Fuji	35
ふしみいなり	Fushimi Inari (town)	81
ふた	cover	172
ふたつ、「二つ」	two	43
ふつう	normal, common, ordinary	101
ふつかめ、「二日目」	the second day	199
ぶつぞう	statue of Buddha	152
ぶどう	grape	47
ふとんを しく	lay out a futon (v.)	173
ふゆ	winter	147
ふり	gesture, movement	125
ふるい	old (adj.)	82
ふるいまちなみ、「古い町なみ」	an old street	202
フレンドリー（な）	friendly	131
ぶんかさい	school culture festival	163

へ

へいたい	soldier	166
へー	What!	17
ベージュ	beige	80
へた（な）、「下手」	poor, weak at something	10
へや	room	93
へん（な）	strange, odd	10
べんり（な）	handy, convenient	10

ほ

ほう、「方」	direction, way, toward	187
ほうもんする、ほうもんします	call on, visit, pay a visit to (v.)	146
ほか	other	122
ほかの みせ、「ほかの店」	another shop	15
ぼくじょう	stock farm	114
ぼくたち、「僕達」	we	71
ほしい	want, wish, like (adj.)	74
ほそい	thin, fine (adj.)	107
ほとんど	most	197
ポニー	pony	109
ぼんおどり	a traditional Japanese dance	125
ほんとう	real, true, genuine	75
ほんとうに	really	2
ほんや、「本屋」	bookshop	1

ま

まいご	lost children	66
まいこさん	apprentice geisha	165
マカダミアナッツ	macadamia nuts	138
まがる	turn (v.)	204
まぐろ	tuna	42
まず	firstly, first of all	59
まずい	plain, terrible (food) (adj.)	20
まだ	still, yet	27
またね	see you again, eh	2
まち、「町」	town	202
まっすぐ	straight	204
まっちゃ「まっ茶」	powdered green tea	152
まっている、まっています、「待っている」	am waiting (v.)	60
まってください、「待ってください」	Please wait	17
まど	window	65
まるい	round (adj.)	107
まんなか、「まん中」	middle	58

み

みえる、みえます、「見える」	can see (v.)	58
みかん	mandarin	47
みぎ、「右」	right	59
みじかい	short (adj.)	20
みずいろ、「水色」	light blue (colour of water) appears above	80
みずうみ	lake	33
みずが でる「水が 出る」	water comes out (v.)	171
みずを だす、「水を 出す」	turn on the tap (v.)	171
みち、「道」	road, street, pathway	204
みっかかん、「三日間」	three days	152
みっかまえに、「三日前に」	three days ago	7
みつける、みつけます、「見つける」	find (v.)	87
みてみる、みてみます、見てみる	have a look (v.)	77
みどり	green (n.)	80
みなさんのおかげで、「皆さんのおかげで」	Thanks to everyone	212
みなり	appearance	189
…(を) みに いきましょうか、「…を 見に 行きましょうか」	Shall we go to see	29
みみ、「耳」	ear	113
みんなで	all together	29

む

むかし	long ago	185
むこう	over there	66
むし	insect	110
むしあつい	humid (adj.)	36
むすこさん	son	132
むらさき	purple (n.)	80

め

め、「目」	eye	113
メールを する	write/send email (v.)	196
めずらしい	rare, unusual (adj.)	82
メリノ	merino, a type of sheep	117

も

もういっかい「もう一かい」	once more, one more time	140
モール	mall	74
もちもの、「持ち物」	belongings	189
もちろん	Of course	17
もっていく、「持って行く」	take something (with) (v.)	198
もってくる、もってきます「持って来る」	bring (v.)	94
もっと	more	44
もどる、もどります	return (v.)	60
ももいろ、「もも色」	pink (peach colour) (n.)	80

や

や … や … など	… and … and, etc.	28
やぎ	goat	115
やさい	vegetables	47
やさかじんじゃ	name of a shrine	205
やすい、「安い」	cheap, inexpensive (adj.)	20
やすみちゅう、「休み中」	during the holidays	7
やね	roof	198
やる、やります	give (to lower ranks) (v.)	108

ゆ

ユースホステル	youth hostel	151
ゆうめい（な）	famous	10
ゆきが ふっている、ゆきが ふっています	it is snowing	36
ゆび	finger	113
ゆびわ	ring	189

よ

ようふく	clothes	25
よく いらっしゃいました	Welcome	170
よこ	side	58
よてい	a plan	151
よぶ、よびます	call out (v.)	90
よむ、よみます、「読む」	read (v.)	8

ら

らいこう、「来校」	school visiting	188
ラッキー（な）	lucky	87

り

りゆう	reason	148
（ご）りょうしん	parents	131
りょうり	cooking	134
りょこう、「旅行」	travel, trip, journey	138
りんご	apple	47

る

ルートマップ	route map	154
ループバス	city circle bus	154

れ

れいぎただしい	well-mannered, decent, polite	WB 61
レールパス	(Japan) Rail Pass	151
レシピ	recipe	134
レンタサイクル	rental bicycle	203

ろ

ろうかを はしる	run in the corridor (v.)	189
ロックス	The Rocks	27
ろっぽん、「六本」	six (counter for long cylindrical items)	110

わ

わがし	Japanese confectionery	152
わかった	plain form of わかりました	161
わからないこと、「分からないこと」	questions (idiom)	186
わかりました、「分りました」	I have understood	161
わける、「分ける」	divide, classify, separate (v.)	176
わさび	wasabi (horseradish)	53
わすれる、わすれます	forget (v.)	87
わるい	bad (adj.)	50
ワンディチケット	one-day ticket	154

Glossary English–Japanese

A

A-Block	Aブロック	93
about	くらい/ぐらい	137
about	について	24
address (where one lives)	じゅうしょ	153
admission fee	にゅうじょうりょう、「入じょうりょう」	69
admission fee of a temple	はいかんりょう	212
adult	おとな、「大人」	69
after ... ing	... てから	202
afternoon	ごご、「午後」	162
airport	くうこう	162
alcohol	さけ	50
all day long	いちにちじゅう、「一日中」	69
all of them	ぜんぶ	58
all together	みんなで	29
... and ... and, etc.	や ... や ... など	28
and then	それから	77
another shop	ほかの みせ、「ほかの店」	15
Anzac biscuit	アンザックビスケット	123
appearance	みなり	189
apple	りんご	47
apprentice geisha	まいこさん	165
aquarium	すいぞくかん	28
arm	うで	110
arrive at/in a place (v.)	とうちゃくする	162
art gallery	びじゅつかん	33
art workshops	ぎじゅつの じっしゅうしつ「室」	102
ask (v.)	きく、ききます、「聞く」	94
ask questions (v.)	しつもんする、しつもんします	24
Auckland Zoo	オークランド・ズー	30
autumn	あき	140

B

bad (adj.)	わるい	50
bag	かばん	11
bag, sack	ふくろ	173
banana	バナナ	47
bathtub (lit. hot water)	おゆ	171
be careful	きを つける、「気を つける」	107
be, am, is (v.)	いる、います	1
beach, sea	うみ	8
beautiful (adj.)	うつくしい	20
because	から	29
beef jerky	ビーフジャーキー	138
beetle	かぶとむし	110
before you get into	はいるまえに、「入る前」	171
behind	うしろ	59
beige	ベージュ	80
belongings	もちもの、「持ち物」	189
between ... and ...	...と ...のあいだに、「...と ...の間に」	205
bicycle parking area	ちゅうりんじょう	97
big (adj.)	おおきい、「大きい」	20
bill, beak	くちばし	108
billy tea	ビリーティー	121
black (adj.)	くろい、「黒い」	77
black (n.)	くろ、「黒」	80
bloom (v.)	さく	167
blue (adj.)	あおい、「青い」	74
blue (n.)	あお、「青」	80
body	からだ,「体」	107
boil (v.)	たく	178
bonito	かつお	52
book of short stories	たんこうぼん、「たん行本」	165
bookshop	ほんや、「本屋」	1
boring (adj.)	つまらない	20
borrow, rent (v.)	かりる	202
bottles	びん	173
box	はこ	117
boy	おとこのこ、「男の子」	66
bright (adj.)	あかるい	81
bring (v.)	もってくる、もってきます、「持ってくる」	94
brown (adj.)	ちゃいろい、「茶色い」	80
brown (n.)	ちゃいろ、「茶色」	75
building	たてもの「たて物」	93
building where foreigners lived	いじんかん	153
business subjects	しょうぎょうかもく、「授業かもく」	94
business subjects building	しょうぎょうかもくの たてもの、「建物」	102
busy (adj.)	いそがしい	20

C

call on, visit *(v.)*	ほうもんする、ほうもんします	146
call out *(v.)*	よぶ、よびます	90
camp *(v.)*	キャンプする、キャンプします	147
can (container)	かん	173
can hear *(v.)*	きこえる、きこえます、「聞こえる」	64
can see *(v.)*	みえる、みえます、「見える」	58
capital city	しゅと	151
capture, get *(v.)*	とる、とります	134
carry *(v.)*	はこぶ、はこびます	125
castle	しろ、じょう	81
catch a cold	かぜを ひく、かぜを ひきます	87
chairperson, master of ceremonies	しかい	122
change (money)	おつり	16
change, transfer *(v.)*	いどうする、いどうします	91
chat *(v.)*	おしゃべりを する	199
cheap, inexpensive *(adj.)*	やすい、「安い」	20
cherry blossom	さくら	81
cherry blossom flower	さくらのはな	167
chestnut	くり	54
chew gum *(v.)*	ガムを かむ	189
Chinatown	チャイナタウン	153
chrysanthemum	きく	129
church	きょうかい	85
Circular Quay	サーキュラー・キー	29
city circle bus	ループバス	154
classroom	きょうしつ、「教室」	102
classrooms for specific subjects	せんようのきょうしつ、「せんようの教室」	91
clean, sweep *(v.)*	そうじする	189
clear away *(v.)*	かたづける	202
climb *(v.)*	のぼる	208
clothes	ようふく	25
clothes	ふくそう	189
cloudy	くもり	36
cold *(adj.)*	さむい	36
colour	いろ、「色」	74
come on	さあ	58
complicated, intricate	ふくざつ（な）	176
(Japanese) confectionery	わがし	152
conviction	はっきり	193
cooking	りょうり	134
cool *(adj.)*	すずしい	36
cooperate *(v.)*	きょうりょくする	188
cooperation	きょうりょく	188
cosmetics	けしょうひん	189
counter for pieces	こ	137
counter for vehicles	だい	203
country, rural	いなか	107
cover	ふた	172
cross (a bridge) *(v.)*	はしを わたる	204
custom, habit	しゅうかん	137
cut, shear (hair) *(v.)*	かる、かります	107
cute *(adj.)*	かわいい	20

D

dam	ダム	33
dance *(v.)*	おどる、おどります	125
dangerous *(adj.)*	あぶない	20
dark green *(n.)*	ふかみどり	80
decide *(v.)*	きめる	152
decorate *(v.)*	かざる、かざります	125
deer	しか	152
delicious *(adj.)*	おいしい	20
department	ぶ	184
destination	いきさき、「行き先」	162
detergent	せんざい、「洗ざい」	172
dictionary	じしょ	34
die *(v.)*	しぬ	158
different *(v.)*	ちがう、ちがいます	91
direction, way, toward	ほう、「方」	187
dirt playing field	つちのうんどうじょう	103
dirty *(adj.)*	きたない	20
dislike	きらい（な）	3
divide, classify, separate *(v.)*	わける、「分ける」	176
dolphin	イルカ	65
don't know *(v.)*	しりません、知りません	11
Don't you think?	おもいわない、「思わない？」	197
drama	ドラマ	125
drama classroom	えんげきの教室	102
during class	じゅぎょうちゅう、「授業中」	93
during the Christmas holidays	クリスマスのやすみのあいだに、「休みの間（に）」	147
during the holidays	やすみちゅう、「休み中」	7
during the summer holidays	なつやすみのあいだ（に）、「なつ休みの間（に）」	147
dye *(v.)*	そめる	189

E

ear	みみ、「耳」	113
earrings	ピアス	189
earthquake	じしん	151
eel	あなご	52
emperor penguin	こうていペンギン	69
enjoy *(v.)*	たのしむ、たのしみます、「楽しむ」	188
enjoyable, fun *(adj.)*	たのしい、「楽しい」	20
enter *(v.)*	はいる、はいります、「入る」	74
entrance	いりぐち、「入り口」	58

Glossary

English	Japanese	Page
envious, enviable (adj.)	うらやましい	20
essay, composition	さくぶん	137
exceed, pass (v.)	すぎる、すぎます	43
exhausted (v.)	つかれました	110
expensive (adj.)	たかい、「高い」	15
experience, adventure	けいけん	107
explanation	せつめい	176
eye	め、「目」	113

F

English	Japanese	Page
fairy penguin	フェアリーペンギン	60
fall (v.)	おちる、おちます	125
fall over (v.)	ころぶ、ころびます	93
famous	ゆうめい（な）	10
far (adj.)	とおい、「遠い」	59
farewell party, send-off	そうべつかい	122
fast (adj.)	はやい	193
feather	はね	113
female bathroom	おんなぶろ、女ぶろ	170
fermented soy beans	なっとう	3
few, little (adj.)	すくない	74
field (farm)	はたけ	114
final greetings	おわりのあいさつ	125
find (v.)	みつける、みつけます、「見つける」	87
fine	はれ	36
finger	ゆび	113
first	はじめての	197
first	ひとつめ、「一つ目」	198
first day	いちにちめ、「一日目」	197
first floor (the ground floor)	いっかい（一かい）	90
firstly, first of all	まず	59
fish	さかな	42
flag	はた	83
flush (v.)	ながす、「流す」	171
fold (v.)	たたむ	173
food, bait	えさ	108
for the first time	はじめて	71
forget (v.)	わすれる、わすれます	87
forte, strong point	とくい（な）	134
Fox Studio	フォックス・スタジオ	28
free, freedom, liberty	じゆう	189
friendly	フレンドリー（な）	131
fruit	くだもの	47
full, a lot, one bowl/cup full	いっぱい	107
Fushimi Inari (town)	ふしみいなり	81

G

English	Japanese	Page
game, match, event, tournament	しあい	161
gate	とりい	81
generous	おおらか（な）	131
gesture, movement	ふり	125
get up late (v.)	ねぼうを　する	184
Give my regards to …	…に　どうぞ　よろしく	2
girl	おんなのこ、「女の子」	66
give (v.)	あげる、あげます	138
give (to lower ranks) (v.)	やる、やります	108
go out (v.)	でかける、「出かける」	160
go sightseeing (v.)	かんこうする	152
goat	やぎ	115
gold (gold colour) (n.)	きんいろ、「金色」	80
good (adj.)	いい（よい）	20
good for the body (you)	からだに　いい	42
graduation ceremony	そつぎょうしき	103
grape	ぶどう	47
grass	くさ	110
grass	しばふ	92
green (n.)	グリーン	80
green (n.)	みどり	80
greet (v.)	あいさつする	162
grey (ash colour) (n.)	はいろ、「はい色」	80
grey (mouse colour) (n.)	ねずみいろ、「ねずみ色」	80
ground, playground	グランド	50
gymnasium	たいいくかん	94

H

English	Japanese	Page
hair	け	133
hair	かみのけ	107
handy, convenient	べんり（な）	10
hard, difficult, terrible	たいへん（な）	10
have a look (v.)	みてみる、みてみます、見てみる	77
Have you been to …?	…行ったことが　ありますか	151
He/She says that …	いう、…（と）いいます、…（と）「言う」	138
head	あたま	109
head teacher (deputy principal)	きょうとう（せんせい）	104
health	げんき（な）、「元気」	10
heavy (adj.)	おもい	184
help (v.)	てつだう、てつだいます、「手伝う」	133
here	ここ	90
here (same meaning as ここ)	こっち	94
highly, extremely, very much	たいへん	3
Himeji (City)	ひめじ	81
hold (a party) (v.)	ひらく、ひらきます	121
home	かてい、「家庭」	186
home economics building	かていかのたてもの、「家庭科の建物」	102
home economics classroom	かていかの　きょうしつ、「家庭科の教室」	102
horse riding	じょうば、「乗馬」	109

hot *(adj.)*	あつい	36
hot (weather) *(adj.)*	あつい	3
house	いえ	67
How long …?	どのぐらい …?	146
How much is it?	いくらですか	15
How much was it?	いくらでしたか	14
how to make	つくりかた、「作り方」	121
humid *(adj.)*	むしあつい	36
hungry	おなかが すきました	54

I

I (boys and men only)	おれ	159
I/We appreciate the many ways in which you have cared for us	いろいろ おせわに なりました、「お世話になりました」	123
I am sorry (for interrupting you) *(Lit.* I am rude)	しつれいします	2
I was/You were given a warning by the teacher	せんせいに しかられた、「先生に しかられた」	199
ice	こおり	70
if I can, if it is possible	できれば	35
I'll be back soon	いってきます、「行ってきます」	60
I'll do whatever I can to assist you	かしこまりました	23
I'll take that	それに します	77
I'm sorry	ごめんね	71
I'm sorry I'm late	おそくなってすみません	93
I'm sorry to have kept you waiting	おまたせいたしました	15
Imperial Palace	こうきょ	162
important	だいじ（な）	176
in turn	じゅんばんに	198
in vain, useless, won't do	だめ	55
incident, event	できごと	125
indigo *(n.)*	あいいろ、「あい色」	80
information	あんないじょ	58
insect	むし	110
intelligent	あたまが いい	114
intention	つもり	153
interesting *(adj.)*	おもしろい	20
introduce *(v.)*	しょうかいする、しょうかいします	69
introduce oneself *(v.)*	じこしょうかいする	187
introduction	しょうかい	104
investigate *(v.)*	しらべる	151
… is about the same as …	おなじくらいです	44
It is unfortunate but	ざんねんですが	49
It's delicious, isn't it?	うまいなあ	159
It was a great feeling	きもちが いい	110
It was really bad	ぜんぜん だめでした	55

J

Japanese-style omelette	たまごやき	3

K

key holder	キーホルダー	138
kind(ness)	しんせつ（な）	10
kiwi	キウイ	30
kiwi juice	キウイジュース	125
knock on the door *(v.)*	ドアを ノックします	90
know *(v.)*	しっている、しっています、「知っている」	11
Kyoto Imperial Palace	きょうとごしょ、「京都ごしょ」	164

L

laboratory	じっけんしつ、「じっけん室」	103
laboratory, workshop	じっしゅうしつ、「じっしゅう室」	92
ladybird	てんとうむし	110
lake	みずうみ	33
last month	せんげつ、「先月」	7
last week	せんしゅう、「先週」	7
last year	きょねん	7
lastly	さいごに	125
late *(v.)*	ちこくする	189
lay out a futon *(v.)*	ふとんを しく	173
lay out, spread *(v.)*	しく	176
leave (somewhere) *(v.)*	しゅっぱつする	162
leaves	はっぱ	167
left	ひだり、「左」	59
leg	あし、「足」	107
length	ながさ、「長さ」	197
let me know *(v.)*	しらせる、「知らせる」	212
library	としょかん	6
life	せいかつ、「生活」	24
light blue (colour of water)	みずいろ、「水色」	80
like	すき（な）、「好き」	10
like a lot	だいすき（な）、「大好き」	24
little	すこし	28
little *(adj.)*	ちいさい、「小さい」	20
lively, cheerful, bright	にぎやか（な）	1
lonely *(adj.)*	さびしい	11
long *(adj.)*	ながい、「長い」	20
long ago	むかし	185
long time ago	ずっとまえに	7
look for *(v.)*	さがす、さがします	93
looking after horses	うまのせわ、「馬のせわ」	109
lost children	まいご	66
lot, much *(adv.)*	たくさん	140

English	Japanese	Page
lucky	ラッキー（な）	87
(about) lunchtime	ひるごろ	163

M

English	Japanese	Page
macadamia nuts	マカダミアナッツ	138
magazines	ざっし	173
make (v.)	つくる、つくります、「作る」	51
make a friend (v.)	ともだちが できる、「友達が できる」	198
male bathroom	おとこぶろ、男ぶろ	170
mall	モール	74
man	おとこのひと、「男の人」	66
mandarin	みかん	47
many (adj.)	おおい、「多い」	49
map	ちず	58
medicine	くすり	136
meet (v.)	あう、会います、「会う」	3
meet, gather (v.)	しゅうごうする	162
memory	おもいで、「思い出」	186
merino, a type of sheep	メリノ	117
middle	まんなか、「まん中」	58
milk a cow (v.)	うしのちちしぼりを する、「牛のちちしぼりを します」	110
money	おかね「お金」	87
more	もっと	44
moreover	それに	189
morning	ごぜん、「午前」	71
mosquito	か	110
most	ほとんど	197
mouth	くち、「口」	113
Mt Fuji	ふじさん	35
museum	はくぶつかん	33
music room	おんがくしつ「室」	102

N

English	Japanese	Page
narrow, small (adj.)	せまい	50
nature	しぜん	185
nature, disposition	せいしつ	137
navy blue (n.)	こんいろ、「こん色」	80
nearby (adv.)	ちかくに、「近くに」	59
neck	くび	108
new, fresh (adj.)	あたらしい、「新しい」	20
newest	いちばん あたらしい、「一番新しい」	15
New Year's doll	だるま	83
next	つぎ	138
next, neighbouring	となり	59
next door neighbours	となりのいえのひと、「となりの家の人」	137
next to, beside	そば	66
No	ううん	17

English	Japanese	Page
No thank you	けっこう	54
noise	おと	64
normal, common, ordinary	ふつう	101
North Senior High	きたこうこう、「きた高校」	125
nose	はな	113
noticeboard	けいじばん	196

O

English	Japanese	Page
octopus	たこ	52
Of course	もちろん	17
Of course, please	ぜひ	1
office	じむしつ、「じむ室」	93
Oh!	あー	17
okay	オッケー	124
okonomiyaki, savoury pancake	おこのみやき	25
old (adj.)	ふるい	82
on the weekend	しゅうまつに	7
on top of	うえ、「上」	67
once more, one more time	もういっかい（もう一かい）	140
one	ひとつ（一つ）	35
one book	いっさつ（一さつ）	164
one-day ticket	ワンディチケット	154
one day, a certain day	あるひ、ある日	25
one of each	ひとつずつ、「一つずつ」	77
only	だけ	64
only	… しか … ない	209
only a little	ちょっとだけ	140
optional subject	せんたくかもく	197
or	か	133
orange (n.)	オレンジ	80
orange (n.)	だいだいいろ（色）	80
Osaka Castle	おおさかじょう	35
other	ほか	122
our own	じぶんたち、「自分たち」	103
over there	あそこ	92
over there	むこう	66
oyster	かき	43

P

English	Japanese	Page
paddle a canoe (v.)	カヌーを こぐ、カヌーを こぎます	110
paper	かみ	173
parents	（ご）りょうしん	131
participate (v.)	さんかする	184
part-time job	アルバイト	193
Past tense of です	… でした	1
perch, sit (v.)	とまる、とまります	110
perfect temperature	いいゆかげん	179
period, term, time	きかん	188

perm hair (v.)	パーマを　かける	189
picture	え	106
pink (n.)	ピンク	75
pink (peach colour) (n.)	ももいろ、「もも色」	80
pitiable, poor	かわいそう（な）	93
place	ばしょ	164
place your shoes neatly	くつを　きちんとして	173
plain form of わかりました	わかった	161
plan	よてい	151
plan (v.)	けいかくを　たてる	151
plastic bag	ビニールぶくろ	173
platypus	かものはし	185
play (the piano) (v.)	ひく、ひきます	91
play (v.)	あそぶ、あそびます	71
playing fields, playground	うんどうじょう	94
please, request	おねがいします	125
Please be careful	きを　つけてください	107
Please say hello to … (for me)	どうぞ　よろしく　おつたえくださいさい	3
Please start	はじめてください	125
Please tell me (teach me)	おしえてください　「教えてください」	11
Please wait	まってください、「待ってください」	17
Please wait a moment	ちょっと　おまちください、「ちょっと　お待ちください」	15
polite form of 先生達	せんせいがた、「先生方」	188
politician	せいじか	64
pond	いけ	33
pony	ポニー	109
poor, weak at something	へた（な）、「下手」	10
popular	にんきが　ある、にんきがあります、「人気がある」	74
population	じんこう、「人口」	194
powdered green tea	まっちゃ「まっ茶」	152
power source	でんげん、「電げん」	196
prawn	えび	52
prepare (v.)	じゅんびする、じゅんびします	122
present, announce, publish, release (v.)	はっぴょうする、はっぴょうします	137
president of a student council	せいとかいちょう、「生徒かいちょう」	188
pretty, clean	きれい（な）	10
price	ねだん	44
principal's office	こうちょうしつ、「校長室」	102
public speaking	はっぴょう	93
pull (v.)	ひっぱる	172
purple (n.)	むらさき	80
purse, wallet	さいふ	87
push (v.)	おす、「押す」	171
put in, insert (v.)	いれる、いれます、「入れる」	94
put on make-up (v.)	けしょうを　する	189
put on/wear (hats) (v.)	かぶる	81
put on/wear (shoes etc.) (v.)	はく	171
put the light on (v.)	でんきを　つける、「電気を　つける」	173

Q

quadrangle	なかにわ、「中庭」	94
questions (idiom)	わからないこと、「分からないこと」	186
quiet, peaceful	しずか（な）、「静か（な）」	10
quietly (adv.)	しずかに、「静かに」	92

R

(Japan) Rail Pass	レールパス	151
rainbow	にじ	76
raining	あめが　ふっている、「雨が　ふっている」	36
rainy	あめ、「雨」	36
rare, unusual (adj.)	めずらしい	82
read (v.)	よむ、よみます、「読む」	8
real, true, genuine	ほんとう	75
really	ほんとうに	2
reason	りゆう	148
receive (v.)	うける	163
recipe	レシピ	134
recommendation	おすすめ	53
red (adj.)	あかい、「赤い」	80
red (n.)	あか、「赤」	80
relation, relatives	しんせき	137
remember (v.)	おぼえる、おぼえます、「覚える」	140
remove (v.)	とる	173
rental bicycle	レンタサイクル	203
request	おねがい	35
resemble (v.)	にている、にています	120
reserve, reticence	えんりょを　している、えんりょを　しています	139
return (v.)	かえる、かえります、「帰る」	3
return (v.)	もどる、もどります	60
rice ball	おにぎり	50
rice dumpling covered with bean jam	おはぎ	3
rice grain	おこめ	178
rich (person)	かねもち、「金持ち」	166
ride (v.)	のる、のります、「乗る」	58
ride a horse (v.)	うまに　のる、うまに　のります、「馬に　乗ります」	109
rides	のりもの、「乗り物」	69
right	みぎ、「右」	59

Glossary

English	Japanese	Page
ring	ゆびわ	189
river	かわ	33
road, street, pathway	みち、「道」	204
roof	やね	198
room	しつ、「室」	90
room	へや	93
round (adj.)	まるい	107
route map	ルートマップ	154
rubbish	ごみ	94
rubbish bin	ごみばこ	94
rude	しつれい（な）	10
rules	きそく	189
(school) rules	こうそく	194
run (v.)	はしる、はしります	194
run in the corridor (v.)	ろうかを　はしる	189

S

English	Japanese	Page
sad (adj.)	かなしい	118
salmon	サーモン	52
salmon roe	いくら	52
scary (adj.)	こわい	20
scenery	けしき	134
school assembly	ちょうれい	94
school culture festival	ぶんかさい	163
school entrance ceremony	にゅうがくしき、「入学しき」	103
school visiting	らいこう、「来校」	188
sea bream	たい	43
sea urchin	うに	52
seats	せき	187
second/s	びょう	171
see you again, eh	またね	2
seems fun	たのしそう、「楽しそう」	198
sell (v.)	うる、うります	82
send (v.)	おくる、おくります	129
Shall we go to see	…（を）　みに　いきましょうか、「を　見に行きましょうか」	29
shape	かたち	185
shark	さめ	60
shoes	くつ	25
shoes/footwear	はきもの、「はき物」	198
shop (v.)	かいものを　する、かいものを　します、「買い物をする」	3
short (adj.)	みじかい	20
show, guide (v.)	あんないする、あんないします	90
showy, bright, colourful	はで（な）	74
Shinto shrine	じんじゃ	3
shy, bashful, coy (when referring to someone else)	はずかしがりや	139
side	よこ	58
sightseeing	けんぶつ、「見物」	210
sign, signboard, notice	かんばん	81
silver (silver colour) (n.)	ぎんいろ、「ぎん色」	80
simple	かんたん（な）	121
simple, plain	じみ（な）	75
sing (v.)	うたう、うたいます	24
sister-school	しまいこう、「しまい校」	151
six (counter for long cylindrical items)	ろっぽん、「六本」	110
skilful	じょうず（な）「上手」	10
sleepy (adj.)	ねむい	132
slow (adj.)	おそい	110
small articles	こもの、「小物」	202
smart (adj.)	かしこい	114
smell (n.)	におい	25
smelly (adj.)	くさい	20
snowing	ゆきが　ふっている、ゆきが　ふっています	36
so, then	それでは	125
soap	せっけん	171
soldier	へいたい	166
somewhere	どこか	27
son	むすこさん	132
song	うた	121
sore, painful (adj.)	いたい	124
souvenir	おみやげ	30
spacious, wide (adj.)	ひろい	50
spare time	ひま	208
speak (v.)	はなす、はなします、「話す」	1
special	とくべつ（な）	121
speech	スピーチ	123
spend (time), pass (time) (v.)	すごす、すごします	118
spring (season)	はる	167
squid, cuttlefish	いか	52
St Mary's Cathedral	セントメリーズカテドラル	85
staff room	しょくいんしつ、「しょくいん室」	90
stand (v.)	たつ、たちます	107
stand, stall, canteen,	ばいてん、「売店」	59
station (railway station)	えき	204
statue of Buddha	ぶつぞう	152
stay, visit (v.)	たいざいする、たいざいします	145
stay, visit, lodge (v.)	とまる、とまります、「泊まる」	151
still, yet	まだ	27
stock farm	ぼくじょう	114
stopped, be stopped (v.)	とまっている、「泊まっている」	110
straight	まっすぐ	204
strange, odd	へん（な）	10
strict (adj.)	きびしい	189
strong (adj.)	つよい、「強い」	114

English	Japanese	Page
student ID	がくせいしょう、「学生しょう」	196
suffolk, type of sheep	サフォーク	117
suits (v.)	にあう、にあいます	75
summer	なつ	167
supermarket	スーパー	138
surprised	びっくりしました	55
sushi train	かいてんずしの　みせ	43
sushi shop	すしや	43
sweet (adj.)	あまい	20
swim (v.)	およぐ、およぎます	67
swimming (v.)	およいでいる、およいでいます	67
switch off (v.)	きる	196
sword	しない	184

T

English	Japanese	Page
tail	しっぽ	113
take (time), cost	かかる	172
take lessons (v.)	じゅぎょうを　うける	163
take off (v.)	ぬぐ	178
take photographs (v.)	しゃしんを　とる、しゃしんを　とります	3
take something (with) (v.)	もっていく、「持って行く」	198
take time (v.)	じかんが　かかる、「時間が　かかる」	205
talk, conversation, speech	はなし、「話」	64
Taronga Zoo	タロンガ・ズー	29
tax	タックス	16
teach (v.)	おしえる、おしえます、「教える」	91
technical subject	ぎじゅつかもく	197
terrible (food) (adj.)	まずい	20
terrible, dreadful (adj.)	ひどい	55
textbook	きょうかしょ	196
Thank you for your hospitality	おせわに　なりました	1
Thanks to everyone	みなさんのおかげで、「皆さんのおかげで」	212
That includes everything	はいっています	16
That's all	いじょうです	137/153
That's great	いいなあ	16
the day before yesterday	おととい	3
The Rocks	ロックス	27
the second day	ふつかめ、「二日目」	199
there	そこ	97
there is/are/exists (v.)	ある、あります	15
thin, fine (adj.)	ほそい	107
think (v.)	おもう「思う」	186
three days	みっかかん、「三日間」	152
three days ago	みっかまえに、「三日前に」	7
through hard work, earnestly	いっしょうけんめい	137
throw away (v.)	すてる	173
timetable	じこくひょう	172
title, topic, theme	だい	125
together	いっしょに	?
tongue	した	113
tooth, teeth	は	113
touch (v.)	さわる、さわります	129
tour	ツアー	90
town	まち、「町」	202
toy	おもちゃ	185
traditional Japanese dance	ぼんおどり	125
traffic lights	しんごう	204
travel, trip, journey	りょこう、「旅行」	138
(supermarket) trolley	カート	138
troubled, perplexed, confused (v.)	こまる、こまります	148
try on (and see what it's like) (v.)	きてみる、きてみます、「着てみる」	75
tuna	まぐろ	42
(best) tuna (belly)	とろ	52
turn (v.)	まがる	204
turn/put on (a light) (v.)	つける	173
turn on the tap (v.)	みずを　だす、水を　出す	171
turn the light off (v.)	けす	173
twice	にかい、「二かい」	71
twice/the second time	にどめ	170
two	ふたつ、「二つ」	43
two weeks	にしゅうかん、「二週間」	134
two years ago	にねんまえに、「二年前に」	7

U

English	Japanese	Page
umm	えーと	58
underneath	した、「下」	67
understood	わかりました、「分りました」	161
use (v.)	つかう、つかいます、「使う」	170

V

English	Japanese	Page
vegetables	やさい	47
very	すごく	34
very	とっても	60
very	とても	3
vice principal	ふくこうちょうせんせい	93
vice principal's office	ふくこうちょうせんせいのへや	93
voice	こえ	64

W

English	Japanese	Page
waiting (v.)	まっている、まっています、「待っている」	60
walk (v.)	あるく、あるきます、「歩く」	58
want, wish, like (adj.)	ほしい	74
want to go	いきたい、「行きたい」	28
warm (adj.)	あたたかい	36
was crowded (v.)	こんでいました	25
wasabi (horseradish)	わさび	53
washing machine	せんたくき、「洗たくき」	171
water comes out (v.)	みずが でる	171
we	ぼくたち、「僕達」	71
wear (v.)	きる、きます、「着る」	81
wear accessories (v.)	アクセサリーを する	189
weekend	しゅうまつ	27
Welcome	いらっしゃいませ	15
Welcome	よく いらっしゃいました	170
welcome party	かんげいかい	146
well …	では …	2
well-mannered, decent, polite	れいぎただしい	WB 61
West Senior High	にしこうこう、「にし高校」	140
whale shark	じんべいざめ	165
What!	へー	17
what (sort of) dog	なにけん、「何犬」	117
What are we going to do?	なにを しにいく、「何を しに 行きますか」	27
What do you think?	どう思う？	199
What does it mean?	どいういみですか	215
Whatever is fine	なんでも いい	33
What shall we do?	どうしましょう（か）	15
What will we do?	どうする？	17
What's happened?	どうしましたか	93
which	どちら	80
which	どっち	108
white (adj.)	しろい、「白い」	80
white (n.)	しろ、「白」	75
who for	だれに	77
why	どうして	41
why	なぜ	160
wide, spacious (adj.)	ひろい、「広い」	50
Will you take (someone)? (v.)	つれて いく、つれて いきます、「つれて 行く」	30
Will you try it?	たべてみます、たべてみる、「食べてみる」	43
window	まど	65
windy (There is wind)	かぜが あります	36
winter	ふゆ	147
without …	… なし	53
woman	おんなのひと、「女の人」	66
wool (spun wool)	けいと	118
Wow!	うわあ	58
write/send email (v.)	メールを する	196

Y

English	Japanese	Page
yellow (adj.)	きいろ、「き色い」	80
yellow (n.)	きいろ、「き色」	75
yen	えん、「円」	14
yesterday	きのう	3
You must be exhausted	おつかれさまでした	110
You (too) must be exhausted	おつかれさま	110
You must not …	… ては いけません	125
You taught us	おしえてくれました、「教えてくれました」	212
youth hostel	ユースホステル	151

Z

English	Japanese	Page
zoo	どうぶつえん、「動物えん」	34